强国之梦
近代名文导读

近代经世文选

JINDAI JINGSHIWENXUAN

主编 戴逸 注译 林庆元 等

四川出版集团
巴蜀书社

主　编　戴　逸

副主编　杨东梁　段志洪

序言

戴逸　杨东梁

十四年前，我们曾编辑过一套《近代文史名著选译丛书》，共39册，由巴蜀书社出版。当时，我们诚邀了十几位在京的文史专家和出版社的几位高级编审组成编委会，同时，约请了数十位研究有素的作者，共同成就了此套丛书。

之所以要编辑该丛书，是要让读者特别是青年读者更多地了解一点近代中国人是如何历尽千辛万苦，探索富国强兵之路，寻求救国、救民之途的。近代中国的历史既坎坷、崎岖，又光辉、悲壮。在祖国濒临亡国灭种的危难之际，中华民族逐渐觉醒，奋起抗争。许多仁人志士高扬爱国主义旗帜，为祖国独立、民族复兴呼啸着前进，甚至献出了自己宝贵的青春和生命，在近代中国历史上谱写了一曲又一曲英勇慷慨、气壮山河的乐章。

文学是时代的心声，中国近代文学就充分突出了爱国主义这个主旋律，正是这种爱国精神使中华民族得以跨过道道难关，迎来光明的前程。而今天的青年人既没有一百多年前那种举步维艰、风雨如磐的感受，也缺少较为丰富而形象的近代历史知识。阅读近代名人名家撰写的名著名篇，则可以引领他们进入那个逝去不久的时代，聆听其心声，体察其情感，品味其所思所求，从而更深刻地认知我们国家和民族所走过的那段路程。

今年，适逢辛亥革命一百周年。辛亥革命是20世纪初中国历史上一次具有深远影响和伟大意义的事件，是鸦片战争以来一次完全意义上的民族民主革命，是我国民主革命进程中的一个重要里程碑。它不仅推翻了清王朝的统治，结束了中国历史上延续两千多年的封建帝制，使民主共和观念深入人心，而且为中国资本主义经济和文化的发展创造了一定的条件。正是从这个意义上，我们可以说辛亥革命为中国现代化的继续前进开辟了道路。

为了纪念辛亥革命一百周年，我们与巴蜀书社商定，从《近代文史名著选译丛书》中选出十二种，分别编成两套丛书：一套冠名为《辛亥百年——名家经典导读》，共收六种，即：《孙中山文选》、《黄兴宋教仁朱执信诗文选》、《辛亥烈士诗文选》、《章太炎诗文选》、《康有为诗文选》、《梁启超诗文选》。

孙中山是中国民主革命的伟大先行者，他具有坚定的革命信仰，不屈不挠的斗争精神，为祖国的独立、自由、民主、富强献出了毕生精力，鞠躬尽瘁，死而后已。他的一生是伟大的一生，革命的一生，为中国的民主革命立下了丰功伟绩。他留下了数百万字的遗著，其中不乏思想深邃、语言犀利、富有文采的名篇佳作。

黄兴、宋教仁、朱执信都是辛亥革命时期的著名人物，是革命党人中的杰出代表，也是孙中山的亲密战友。他们或因操劳革命，英年早逝；或为追求自己的政治理想，成为“为宪法流血”第一人；或极富理论才华，却惨死在军阀屠刀之下。他们的诗文都有强烈的爱国、战斗精神，但其艺术风格却不尽相同，或慷慨悲壮，或清新淳朴；或奔放，或含蓄；或犀利，或深邃，因人而异，各具特色。

我们还选收了三十多位辛亥烈士的诗文遗作，这些烈士具有坚定而高昂的革命斗志，并充满着必胜的信念。他们把生命的价值与祖国的富强、同胞的幸福紧紧联系在一起，无所畏惧，勇往直前。其诗文有的是临阵发出的誓言，有的是临刑留下的遗篇，真可谓声声血泪，句句铿锵，在中国近代革命史上，谱写了惊天地、泣鬼神的悲壮一页。

章太炎是我国近代史上著名的革命家、思想家，鲁迅说他是“有学问的革命家”。他那篇《驳康有为论革命书》尖锐地批驳了保皇派的谬论，酣畅淋漓，脍炙人口。他一生著述颇丰，涉及面广，于哲学、史学、文学、语言学诸方面均有建树。尤其是他在《民报》上发表的文章，“所向披靡，令人神旺”（鲁迅语），给后人留下了一份可贵的精神财富。他晚年虽脱离民众，渐入颓唐，但也不过是白圭之玷，瑕不掩瑜。

康有为、梁启超虽然是资产阶级改良派的代表，但在辛亥时期也是政坛和思想界的活跃人物。他们宣传保皇，反对革命，追求君主立宪，与革命派进行了激烈辩论。把康、梁的诗文收在《辛亥百年》丛书中，可以使读者更全面地了解辛亥时期涌动着的不同思潮，展现出的不同政治主张。须知，正确的思想总是在同错误的思想作斗争中发展起来的，两者相比较而存在，相斗争而发展。更何况康、梁也曾经位列中国近代向西方追求真理的代表人物中，也曾一度领舆论之风骚，只不过当时代继续前进时，他们未能追上潮流，成了落伍者。

另一套丛书冠名为《强国之梦——近代名文导读》，共收录了《近代实业文选》、《近代法制文选》、《近代教育文选》、《近代报刊文选》、《近代经世文选》、《近代名人日记选》共六种。这是从文学体裁角度入手，选编近代仁人志士为追求国家富强而发出的声声呐喊。

振兴中华的有志之士围绕如何使中国转弱为强的现实问题，提出“兴实业”、“振商务”，学习西方。有人更身体力行，将“实业救国”论付诸实践；近代的爱国者在寻求民族振兴的道路上，还提出了改革政治及法律制度的种种主张和方案，推动了中国法制思想和法律制度的进步；至于教育，更为历代中国人所重视，时至近代，有人甚至提出“教育为立国之本”，而资产阶级革命家则提出“革命之教育”，把中国教育思想推向了一个新阶段；鸦片战争后，随着中国资产阶级的诞生，近代报刊也在中华大地上勃然兴起。开始是外国人在中国办报纸，至19世纪70年代，出现了中国人自办的近代报刊，他们鼓吹以西学为师，变法图强。甲午战争后，办报形成热潮，并成为传播启蒙思想，宣传救亡图存的锐利武器。辛亥之后，革命报刊如雨后春笋，有力推动了革命运动的发展。此外，由于报刊文具有时效性、纪实性和趣味性，自然得到读者的青睐，对当时社会的思想、政治、文化产生了广泛而深远的影响；说到近代经世文，顾名思义则是倡导经世致用之学的产物，它宣扬进化史观和社会改革思想，标榜“采西学”，开风气，睁眼看世界，力图为纠封建末世之“时弊”而寻找一条新的出路；近代名人日记涉及近代一些著名人物的思想、活动，而且往往是亲历亲为，可作为其他史籍的佐证，具有一定的史料价值。再则，有些日记出自文学名家之手，更显得细腻生动，文采斐然。

我们今天能够重新编辑这两套丛书，一是出于巴蜀书社的积极推动，二是有诸多作者的大力支持。由于巴蜀书社的编辑先生们精心策划，反复推敲；各位作者兢兢业业，认真修订，终于得以在短短两个多月时间内，将两套面目一新的丛书奉献于读者面前，这是非常令人感动的。

星移斗转，物是人非，在我们今天重温旧章之时，其中两位作者——桑咸之教授、林庆元教授却已驾鹤西去，这让我们唏嘘不已，悲痛系之！两套新版丛书的推出，也是对他们的纪念吧。

2011年4月于北京

目　录

前 言

经世思潮，也称实学思潮。它产生于明代以至清初，而发展于嘉道年间。要说清楚经世思潮，就得先介绍一下孔子和他所创立的学说——儒学。孔子（前551—前479），名丘，字仲尼，鲁国人。他一生重视教育，并为了把古代的贵族礼仪和各种知识传播到民间，设学授徒，且整理了《易》、《书》、《诗》、《礼》、《乐》、《春秋》，即所谓“六经”的古代文化资料，成为两千多年来知识分子必读的经典。其后，他的一些学生也相继讲学，逐渐形成“儒家”学派。然而，儒学在中国历史上也是有一个发展和变化的过程的。孔子死后，儒家分为八派，其中孟子发展了孔子的“仁政”思想，主张“民本”。汉代，董仲舒以注经的形式，融入了道家的哲学思想，宣扬“三纲五常”理论，思想界出现了“罢黜百家，独尊儒术”的局面。到了宋明时代，理论家也借注经的形式，发展了儒家思想，对人际关系进行了深入研究，把人的自我完善、内心修养提到了一种非常重要的地位，强调“存天理，灭人欲”。这种以儒、道、佛为特征的学说，被称为新儒学，也称宋学、理学。朱熹为正统派理学之集大成者。理学成为支配中国思想界的正统学说。清初，康熙皇帝由于统治的需要，进一步把理学捧上正统官学的位置，使之成为红极一时的统治思想。

明代中叶以后，社会政治危机日益严重，统治集团内部的互相倾轧，造成了明王朝的衰落。于是当时有识之士开始探讨这种危机形成的原因。他们认为，社会危机的造成原因之一是由于理学的空疏和迂阔学风。因此兴起了批判程、朱、陆、王的理学和心学，提倡“崇实黜虚”的精神和学风。这一派的具体主张表现为：1. 批判精神；2. 经世思想；3. 科学精神和启蒙意识。它一方面批判理学，一方面继承和发展了孔子的“经世”思想。主要代表人物有顾炎武、王夫之和黄宗羲。顾炎武（1613—1682）的著作有《日知录》、《天下郡国利病书》等。他的学问，可以归结为“崇实致用”，对心学和理学持批判的态度。他讥理学为“禅学”，是“内释而外吾儒之学”，认为偏离了孔孟之道，主张“务本原之学”。他对转变明末清初的空疏学风，有深远的影响，成为“经世致用”的先驱。黄宗羲（1610—1695）提出矫良知之弊、以实践为主的主张，并毕生身体力行。他重视研究文学、经学、天文、历算、音律学等实际学问。他敢于大胆抨击君主专制制度，提出“君臣共治”、“工商皆本”等启蒙思想，成为近代启蒙思潮的先驱。王夫之（1619—1692）提出“尽废古今虚渺之说而反之实”，并对宋、明理学作了批判和总结。他从研究经学、史学、天文历算等实学中总结和发展了我国古代唯物主义和辩证法思想，成为经世思潮的哲学基础。此外，明末清初还产生了一批如徐光启、方以智等为代表的科学家。在中西自然科学交汇的时代，他们提出研究“象数之学”，认为数学、几何是一种科学认识的工具。徐光启还译有《几何原本》，并编《农政全书》。后者已开始使用实验方法来进行科研。总之，他“平生所学，博究天人，而皆主于实用”。另一位科学家方以智则十分重视“原则”，提倡实证的科学方法。这些从另一个方面，构成了实学思潮的重要内容。

经世思潮发展的同时，到康乾时期，考据学也进入全盛时期，成为学术界的主流。戴震、惠栋、阮元为其代表。这时的朴学（考据学）与清初顾炎武的实学已不同。乾嘉考据学是士大夫为了逃避现实，免遭文字狱之祸的产物。他们虽然重视史实，在鉴别真伪、保存古籍方面作出了贡献。但这个学派因不问政治，醉心繁琐考据而逐渐偏枯。

道光以后，由于乾嘉“盛世”的迅速消失，社会矛盾的激化，加上西方开始入侵，使有识之士从“皓首穷经”书斋里惊醒过来，逐渐地认识到“衰世”的到来，进一步反思汉学的“饾饤琐屑”，宋学的空疏无用。于是，士林风气又为之一变：由古文经学走向今文经学，由考据走向“经世致用”。常州的庄存与、刘逢禄及其学生龚自珍、魏源则代表了这一时代学风的转变。如果说龚自珍“经世致用”思想的特色在于“讥切时政、诋诽专制”，那么魏源的“经世致用”的特色则在于“兴利除弊”。而后者的思想，已超过了经世实学的水平，提出了“师夷长技以制夷”，他的思想开启了后来的洋务思潮。因此，龚、魏既是明清实学的继承发展者，又是近代新学的先驱。

道光年间，经世思潮再度高昂，是有其社会原因的。嘉庆以来，社会危机日益严重。如人口倍增而土地相对减少，地主对农民的剥削加重，赋税以及高利贷的盘剥，吏治黑暗，贿赂公行等等，都激化了阶级矛盾，引发了白莲教、天理教和天地会等秘密结社为核心的农民起义。“乾嘉盛世”由此迅速走向衰落。一些封建士大夫为挽救封建制度，寻求对策，便提倡经世致用的学风，注重研究社会实际问题。更重要的是鸦片战争的爆发，暴露了清政府的腐朽和落后，促使一些士大夫去探讨中国何以弱，西方何以强的原因，从而产生了“睁眼看世界”的新观念、新思想。这些新观念、新思想，便构成近代经世思潮的主要内容。

道光年间的经世思潮，是明清实学思潮继承和发展的结果。同时也应该看到，它也有自己韵时代特点。除了上述面向世界的新思潮外，就学派而言，则出现了汉、宋调和或融合的趋势。如曾国藩原来崇尚理学，后来也主张汉、宋兼蓄，提倡义理、考据、词章、经济熔于一炉的“经世之学”。这在当时是有代表性的。此外，还有像陶澍、林则徐、贺长龄、李兆洛、包世臣、姚莹、左宗棠、李鸿章、沈葆桢这样一批经世派。道光六年，魏源代贺长龄编《皇朝经世文编》，标志经世思潮进入一个新的阶段。全书分学术、诏体、吏政、户政、礼政、兵政、刑政、工政，八纲，六十五目，共120卷，是一部断代经世论文总集。大部分是有关漕运、盐政、荒政、钱币、水利及军事方面的内容，选辑清初至道光以前的论文、奏疏、书礼等而成，贯串了经世致用的宗旨。它对当时和后世的影响极大，为近代多种经世文集开了风气。

这些经世派，已不像宋学家那样，排斥异己，独尊儒术。相反，他们兼收并蓄，对各个学派加以包容。他们不仅研究儒家，而且也研究诸子百家，注重的不但是学术理论，还主张"通经致用"，用经学来解决实际的社会问题和国计民生。概括地说，有以下几点：

（1）由于他们要求改革时弊，便不能不对僵化的保守的正统理学进行清算和批判，从而使人们扩大研究视野，转变学术风气。如龚自珍在深刻揭露封建政治弊病的同时，还对儒学一尊的地位提出挑战，公开宣称："兰台序九流，儒学但居一"，并猛烈地抨击理学使人"疲精神、耗目力"，是"无用之学"，讥汉学为"琐碎饾饤"。显然，他认为学术风气必须抛弃空疏与繁琐，方有益于世。所以他宣称："好杂家之容"，提倡"东西南北之学"，研究边疆史。又如包世臣，更明确地斥责宋学只知空谈性命，"鄙夷田事"。这些呐喊，对转移社会学风，使之趋于务实起了重要作用，而且为思想界包容其他学说（包括西学）开辟了道路。

（2）宣扬进化的历史观和社会改革思想。龚自珍模糊地认识到，变化是一种历史趋势，指出："自古及今，法无不改，势无不积，事例无不变迁，风气无不移易。"他根据这一进化的历史观，向清政府提出"更法"，指出清政府不能"拘一祖之法"，"惮千夫之议"，否则就可能改朝换代。魏源则更进一步反复证明历史变革是不能逆转的。"虽古之圣王，不能使甲兵之世还于无甲兵"。但他认为，要变的只是器，而"其不变者道而已"。即君臣、父子、夫妇这些封建伦理及秩序不能变。这种理论即为洋务派“中学为体，西学为用”的开端。

（3）地主阶级改革派的经济观点。历来理学家宣称不言利、只言义，以维护其剥削制度，把言利的市民看做小人。这对资本主义经济的发展是一种压抑。而龚自珍则公开宣扬“言私”、“言利”、“言富”。魏源则提出保护“有田之富民”与“无田之富民”，主张“利国、利民、利官、利商”。此外，还提出在河工、漕运、盐政、农政方面的兴利除弊。这一切，都对封建主义价值观有一定程度的冲击，为洋务运动做了思想意识形态方面的准备。

（4）重视科学研究和实验。经世派反对唯儒家书籍是尊，不薄杂家。林则徐十分重视“研究舆地、象纬及经世有用之学”，而且研究《农政全书》、《潞水客谈》等书，重视农学，提倡水利，进行科学实验。魏源的《海国图志》还特地辑录了西方近代天文地理及军事科学知识的有关文章。经世思潮为科学发展创造了一种良好的学风，使知识分子从儒家的典籍里摆脱出来，扩大了学术视野，培育了一批近代早期科学家，如李善兰、徐寿、华蘅芳、詹天佑等。

（5）学习西方。鸦片战争引起了中国社会的巨大变化，同时也使近代经世思潮有了新的时代特点和内容。外国资本主义的入侵，打破了清王朝闭关自守的高墙，这是几千年来一大变局。在这形势面前，经世派的认识又前进了一步，开始从注重“时务”扩大到注重“夷务”。为了反抗外国侵略的需要，他们留心了解外国事务，进而学习“洋务”。林则徐在广州为此编译《四洲志》。魏源提出“师夷长技以制夷”的思想，是经世派学西方思想的具体和重要表现。到60年代，经世派的另一位重要代表人物冯桂芬撰写的《校邠庐抗议》，提出了“采西学议”，比以往更系统地提出了社会改革的主张，有更具体的学西方的议论。经世派事实上是学西方的倡导者和开风气者，经世之学包容了“洋务”和西学。

在“睁眼看世界”，学习西方的观念指导下，了解西方史地，成为近代经世思潮的重要内容。林则徐编撰的《四洲志》，体现了睁眼看世界的时代风气。接着，魏源编《海国图志》，这是当时由中国人自编的最为详备的一部关于世界各国地理、历史概况和社会现状的书。该书不但对开拓中国人的眼界起了重要作用，而且也为日本明治维新人士所推崇。稍后，曾任福建巡抚的徐继畬也编有《瀛环志略》一书，对世界各国，特别是东南亚、南亚的风土人情、史地沿革及社会变迁详加记述。此外，面对列强对中国边疆扩张的形势，不少经世派重视对边疆史地的研究。他们揭露列强对边疆的蚕食，呼吁加强边疆设防。姚莹的《康辖纪行》一书，考察了我国西藏地区的史地和社会宗教风俗，揭露了英国侵略西藏的野心，使经世思潮带有更鲜明的爱国主义的时代特点。

（6）“民本”思想。“民本”思想是我国一种优秀的思想传统。《尚书》里就提出“民为邦本，本固邦宁”。孟子及历代进步思想家继承和发展了这种思想。进入近代，民本思想也为经世派所继承。林则徐像历史上的一些思想家一样，把人民当做国家生存和发展的基础，重视民心向背，重视民智，爱惜民力。虽然不能说经世派是“民本”思想的唯一继承者，但应当承认，一些具有经世致用思想的政治家、思想家往往比较重视民心，重视民力。因而，主张在政治上“整顿吏治，团结民心”，实行一些有利于民的改革。在对外关系中，也主张“民心可用”，能够在一定程度上依靠或利用民众力量抵抗外来侵略。

经世之学在近代究竟有什么影响呢？应该说，它是中国从传统走向近代的一个特定文化形态，既继承了古代儒学经世的传统，又包含了近代某些文化，如西学和洋务。经世派从注重“时务”到注重“夷务”，是经世思想在新条件下的发展。所以，经世思潮是从传统文化过渡到近代文化的桥梁。因为它本质上是一种改革思潮，较为务实，所以容易抛弃门户之见及“夷夏之防”。“学以致用为贵，本无中西之殊”，正是反映经世思潮的特点。一些曾经调和汉、宋，接受经世思潮者如曾国藩、左宗棠、沈葆祯、丁日昌、郭嵩焘，到60年代成为洋务思潮的倡导者和实践者。这批人与道光年间的林则徐、魏源、贺长龄有着直接和间接的联系。冯桂芬（1809—1874）的思想则具有承先启后的意义。冯是林则徐的门生，1862年成为李鸿章的幕僚。他在这期间写的文章，收入《校邠庐抗议》和《显志堂稿》，对清政府的漕运、盐政、农政均提出改革主张，特别是《采西学议》，更具有洋务思潮的色彩。他提出的“以中国伦常名教为原本，辅以诸国富强之术”，事实上成为洋务派活动的指导思想。可以说冯桂芬是从地主阶级经世派转向洋务派的过渡人物。左宗棠（1812—1885），字季高。他的洋务思想更加深刻地打上经世思想的烙印。少年时，左宗棠曾认真阅读《皇朝经世文编》及顾炎武的《天下郡国利病书》，在贺熙龄、贺长龄的影响下，逐渐形成了他的经世思想。左宗棠对林则徐、魏源都非常崇拜。后来他在福建马尾创办的福建船政局，可以说是魏源“师夷长技以制夷”主张的具体实践。左宗棠自己也把这看做是龚、魏经世派在鸦片战争对期提出的主张的继承。从这里我们不难看出左与经世派思想的密切联系，以及受到的影响之深。另一位洋务派先驱曾国藩（1811—1872），早年拜理学家唐鉴为师，学崇程、朱。鸦片战争后，又对古文经学发生兴趣，力主调和汉、宋，并汲取汉学中的实事求是的方法，这正是他后来敢于正视现实的根源。他在社会危机日益严重的刺激下，思想日渐变化，由程、朱而求“经世之学”，提出儒学“有义理之学，有词章之学，有经济之学，有考据之学”，对魏源的《皇朝经世文编》颇为推崇。可以看出，汉学家和理学家的一部分人，都在社会危机刺激下汇集到经世致用思潮中，为纠封建社会之“时弊”而寻找新的出路。

经世思潮，指的虽是一定时期的社会思潮，然而，它的影响却不仅对洋务派，同时也延及维新派。梁启超主讲湖南时务学堂，制定的《学约》里规定：“今中学以经义掌故为主，西学以宪法官制为归”，经学仍为资产阶级维新派所重视的一门学问。因此，维新派大多在面向西方的同时，往往把“经世致用”的儒学作为自己的思想前导。经世派的历史进化史观，“更法”的革新观念，“富民”的经济思想，都给维新派以直接的启迪，有的甚至直接利用他们的口号，而注入资产阶级内容。到康有为那里，便归结为“托古改制”，使经世思潮与资产阶级变法结合起来，并披上一层经学的外衣。不过，康有为的维新思潮毕竟不同于经世思潮，它所反映的是资产阶级的要求，是近代思想文化，仅仅把经学作为一种借用的形式，而其思潮文化的基础正是西学，虽然也糅合了中学，但毕竟后者不是主要的。从趋势看，经世思潮到这时期也逐渐淡化了。

经世思潮传播的同时，各种“经世文编”也先后出版，盛行于当时。以陈子龙为代表的复社君子编印《皇明经世文编》之后，继有1826年贺长龄的《皇朝经世文编》。此后，按此体例及宗旨续编的经世文编，不下二十种。如张鹏飞的《皇朝经世文编补》、饶玉成的《皇朝经世文续编》、葛士浚的《皇朝经世文续编》、盛康的《皇朝经世文续编》、陈忠倚的《皇朝经世文三编》、何良栋的《皇朝经世文四编》、甘韩的《皇朝经世文新编续集》、于宝轩的《皇朝蓄艾文编》，以及民国初年的《民国经世文编》等。收入作者有中外人士一千多人，文章14000篇，大约在三千万字上下。现将主要几部略加介绍：

一、《皇朝经世文编》、《皇朝经世文编补》。《皇朝经世文编》是清代以“经世文编”命名的第一部。该书版本非常多，影响较大。1849年，张鹏飞又补了381篇，称《编补》。张鹏飞，陕西 安康人，主持过安康书院讲席。该书所补侧重西北，思想较为保守，影响不大。

二、《皇朝经世文续编》三部。第一部《续编》由饶玉成辑，成书于1882年，收录康熙至同治、光绪间的论文。此时洋务运动已进入高潮，编者虽然认识到“洋务为千古创局”，但并没列纲编选，只是收入了一些有关的论文而已。编选不够严谨，且不标明时间，并删去奏折的“由头”，错讹也不少，印刷不甚精审。第二部《续编》又名《新增续编》，120 卷。葛士浚辑于 1888 年。葛士浚（1845—1895），上海人，一生未曾任官，留心经世，对算学颇有研究。本编选辑清初至光绪朝论文。重要特点是在八纲之外另立洋务一纲，又在学术纲下另立算学一目，反映了当时社会思潮的变迁。第三部为盛康（即盛宣怀之父）辑于 1897 年的《续编》120 卷，续选道光、咸丰、同治、光绪四朝文章。所收内容以奏议为主。他认为“经世之作在行事而不在文章，备掌故不备体格”，这也是他的选文标准。体例方面则回到八纲，但子目却大为增加，如“厘捐”、“开矿”、“建置”、“圣学”、“水师”、“团练”、“台防”、“饷需”。取材广泛，所收奏折都标有时间，使用起来十分方便。

三、《皇朝经世文三编》、《皇朝经世文三编增附时事洋务》。《三编》是陈忠倚在 1898 年编辑，是续编的续编。收入 1888—1898 年十年间的论文。这时期，近代中国社会已从洋务思潮演进到维新思潮，因而，本编所反映的，大多是新政有关的政治，讲求富强之术，且兼收外人之议论，所收入的有丁韪良、李提摩太等传教士对西方政治制度的介绍。本编体例与《续编》相同，只是删除与经世无关的，增加了有关富强的新目。但该书所收文章均无出处，检索极不便。另《皇朝经世文三编增附时事洋务》，于 1897 年成书，编者甘韩。该书选收 1895—1897 年的文章 78 篇。编者鉴于有志之士多弃帖经而事西学洋务，于是决心依照经世文体例，辑成洋务三编，收录有关论自强、御外、理财、印花、邮政、矿务等“时务”以及有关东西方各国社会历史、外交、经济、文化、风情、宗教等文章。该书无纲目，不记出处，不便检索。

四、《皇朝经世文四编》，1902 年何良栋辑。当时正处新政之始，这类书十分畅销。如他序言所称：“国家讲求实学……于是经世文编京都人士莫不家置一编，更觉洛阳纸贵矣!”适应这一要求，何良栋在前人所编《经世文编》之外加以搜集编辑。其特点有：文章内容取一、二、三编所无者；体例依旧编，但增加了外部一纲。其中增加了西方一些作者的文章，并把中西交涉纳入“洋务”。这一编内容，反映了清政府在20世纪初“新政”的思潮。

五、麦仲华编辑的《皇朝经世文新编》于1898年辑成。大多是反映维新的言论集，共511篇。其中外国人文章约165篇。其体例也有所突破，分21类21卷：通论、君德、官制、法律、学校、国用、农政、矿政、工艺、商政、币制、税则、邮运、兵政、交涉、外史、会党、民政、教案、学术和杂纂，流传也较广。

此外，还有《皇朝经世文统编》、《皇朝蓄艾文编》、《时务经世文编》、《皇朝经济文编》、《皇朝经济文新编》等。各书体例也不尽相同，有的则完全自立新体例。其中成书于1901年的《统编》收文2481篇，内容最广泛，子目最细。

以上诸种《经世文编》，对清初以来的有关经世文章尽可能搜集，其广泛性和全面性超过任何史料集，其内容涉及政治、经济、军事、外交、思想文化各个方面和层次。从收集的对象看，不分资格、职务、官位、国籍，凡有关经世者均在收集之列，所以一些不见经传的文人，流传不广的文章，也都被保存了下来，其中有不少珍贵罕见的史料，这是其显著的优点之一。优点之二是这些资料经过一定的分类，虽然与现代分类不同，但这也为我们研究专题提供了大体范围。

以上所述，各种“文编”，从“贺编”开始，收录了近百年来的经世文章，所反映的社会思潮演变有：经世思潮，洋务思潮，维新思潮，而均以经世思潮贯穿其中，最后融合。这几本书合起来，从纵向上可看出中国近代社会的政治、经济、文化、军事、思想演变的轨迹，因而是非常有价值的。

尽管这几部文编有这些优点和特点，但缺陷也是十分突出的。最突出的是各文编互为重复，不仅时间重复，作者也重复。据有人统计，光从《张编》、《饶编》、《葛编》、《盛编》就重复文章450篇，约占四书全部篇数的10%。另有相当多的文章未署作者姓名，对了解该文十分不便。更严重的是，对文章随意删头去尾，校印也不精，脱漏甚多。尽管如此，这些书在当时还是受到普遍欢迎，“家荆璧而人随珠”。

由于这些《文编》内容极其广泛、庞杂，字数庞大，作为普及性读物的本书不可能按其八纲来选译，只能按现有控制的字数选取其中有代表性的来翻译，其挂一漏万之弊就是不可避免的了。其中有些中外偏僻地名、人名一时无法查考，只好缺如，并请高明补正。又由于译文水平不高，编译时间很短，错误之处肯定不少，也请高明一一批评指出。还应提到的是，本书也吸收了国内专家学者的一些研究成果，恕不一一注明，谨此致谢。

龚自珍

龚自珍（1792—1841），近代资产阶级改良主义先驱者，进步文学家。字瑟（sè）人，号定盦（ān），浙江仁和（今杭州）人。道光九年（1829）进士，当过礼部主事等小官。十九年（1839）挂冠，到江苏丹阳讲学。二十一年（1841）客死于云阳书院。

龚自珍出身于大官僚家庭，文化素养相当深厚，无论经、史、小学，都有很高造诣。于经，通《公羊春秋》；于史，长西北舆地；于小学，有《说文段注札记》。其文学创作，大都富有战斗性，表现了进步的革新思想，对现代文学影响很大。现存文章三百多篇，诗词近八百首，均收入《龚定盦全集》。

述思古子议[①]

龚自珍生活在我国由封建社会开始向半封建半殖民地社会转变的时代，目睹清王朝封建统治的腐朽反动，当时人民生活的困苦，他主张平均土地，反对土地兼并，猛烈抨击当时吏治，渴望进行一些社会

① 思古子：与正文中列举的观古子、聪古子，都是作者虚构的人物。

政治改革。面对外来侵略，他义愤填膺，积极支持林则徐禁烟，并建议加强战备，抗击侵略者。这些态度和主张，在当时都是难能可贵的，对康有为、梁启超等资产阶级改良主义者也都产生过积极的影响。

收入本书的这篇文章，又题《讽书射策议》，写于清道光十八年(1838)。作者通过假托人物的议论，揭露和批判了八股文取士禁锢思想、扼杀人才的流弊，指出天下父兄硬逼子弟学写八股文的危害及其产生根源。作者大声疾呼“宜变功令”，彻底废除八股文取士的制度。并主张代之以汉代的“讽书射策”，以利于冲破当时“万马齐喑”的局面，培养和造就革新人才。在科举制度已经延续了千馀年，根深蒂固，以及清廷强化思想钳制，大兴文字狱的时代背景下，龚自珍敢于向旧制度挑战，把揭露和批判的矛头直接指向清朝统治者，确有胆识，极具叛逆精神，是十分值得肯定的。

闻之观古子，观古子闻之聪古子，聪古子闻之思古子：言也者，不得已而有者也。如其胸臆本无所欲言，其才武又未能达于言，强之使言，茫茫然不知将为何等言。不得已，即又使之姑效他人之言。效他人之种种言，实不知其所以言。于是剽掠脱误[①]，摹拟颠倒，如醉如呓以言[②]，言毕矣，不知我为何等言。

今天下父兄，必使髫丱之子弟执笔学言[③]，曰：功令也[④]。功令实观天下之言[⑤]。曰：功令观天下说经之言[⑥]。童子但宜讽经[⑦]，安知说经？是为侮经。曰：功令兼观天下怀人、赋物、陶写性灵之华言。夫童子未有感慨，何必强之为若言？然则天下之子弟，

---

① 剽（piāo）掠：抢劫，这里指剽窃。
② 呓（yì）：说梦话。
③ 髫（tiáo）丱（guàn）：髫指小孩子下垂的头发；丱是小孩头发梳成两角的样子。髫丱指幼年。
④ 功令：古代国家考试取士的法令。这里指八股文取士的法令。
⑤ 观：考察。这里是考核的意思。
⑥ 说经：解释阐述经书。
⑦ 讽（fěng）：背诵。

心术坏而义理锢者[①]，天下之父兄为之，父兄咎功令。

宜变功令。变之如何？汉世讽书射策[②]，皆善矣。讽书射策，是亦敷奏以言也。如汉世九千言足矣，则进而与之射策。射策兼策本朝事，十事中十者甲科，中七者乙科，中三四者丙科，不及三摈之[③]。其言不得咿嚘不定、唱叹蔓衍[④]，以避正的[⑤]。宜酌定每条毋逾若干言以为式。其不能对，则庄书“未闻”二字以为式。如此则功令不缛[⑥]，有司不眩[⑦]，心术不欺，言语不伪。至于说经，则老年教学之先生为之，成人有德者为之，髫丱姑毋庸。私家著述，藏名山者为之，大廷姑毋庸[⑧]。诗赋则私家之又不急之言也。及夫唱叹蔓衍之文章，大廷试士毋庸。

译文

我是从观古子那里听到它，而观古子又是从聪古子那里听到它，聪古子又是从思古子那里听到它的：人们的写作，是心里有所感触而不得不写出来的。假使他们的内心本来就没有什么要写，他们的才能又没有达到发表议论的程度，强迫他们论述，稀里糊涂地不知道说了什么样的话来。不得已，也就只好让他们姑且模仿别人的议论。模仿别人各式各样的议论，实际上并不知道人们为什么要这样说。于是，

① 心术：居心，怀着某种念头。义理：议论或文章的内容和道理。锢（gù）：堵塞，也就是不通。

② 讽书：背书。射策：汉代取士制度之一，由主试者出题，写在简策上（以竹为简，几块简串在一起，叫做策）。题目均不显露，把它放在桌上，应试者随意取一题作答，主试者按应试者答题之优劣定等级高下。

③ 摈（bìn）：排斥，就是不录取。

④ 咿（yī）嚘（yōu）：象声词，本指语声，这里作“用词造句”解。咿嚘不定，意即所用词语模棱两可。唱叹：一唱三叹，本为赞美之词，这里反其意而用，指矫揉造作。蔓衍：滋长延伸。这里是节外生枝，不着边际的意思。

⑤ 正（zhēng）的（dì）：箭靶的中心。以避正的，指避开要求回答的正题。

⑥ 缛（rù）：繁琐。

⑦ 有司：官吏，这里指考官。眩（xuàn）：迷惑。

⑧ 大廷：朝廷。

抄袭、遗漏、错误，依葫芦画瓢，颠三倒四，好像喝醉了酒说胡话，又好像在说梦话。议论发完了，却不知道自己到底说了些什么。

现在，全国做父亲和兄长的，一定要让子侄、弟弟们拿起笔来模仿别人写八股文章，他们说：这是朝廷颁布的法令。法令实际上是用来考核普天下的文章的。他们说：这法令是要用来考核全国解释经书的文章的。但小孩子只适宜背诵经书，怎么知道讲解它呢？这样做实际上是使经书蒙受了耻辱。他们还说：这法令同时还考核全国有关怀念亲友、描写自然景物、抒发思想感情等方面的文章是不是写得富有文采。小孩子没有什么感触，为什么一定要他们写这样的文章呢？那么，天下的子弟心术都变坏了，而且所写的文章都狗屁不通，这些是天下的父兄造成的，而这些父兄就把造成这一过失的责任归到八股文取士的法令上去了。

应当改革八股文取士的法令。怎样改革它呢？汉代背书射策的制度就很好。背书射策，也就是陈述自己的见解。背书，像汉代九千字就够了。接下来就给予他们射策的机会。射策同时还考试当代的政事，十道题目都回答对的列为甲科，答对七题的列为乙科，答对三四题的列为丙科，达不到三题的就不录取。文章所表达的意思不能用模棱两可、矫揉造作、堆砌辞藻、不着边际的方式来避开要回答的问题。应当考虑定下每题不超过多少字作为标准。如果不能回答，就要严肃地写上“不懂”二字。这样一来，考试法就不繁琐，考官不会被搞糊涂，应考的人就不会用狡猾手段欺骗考官，遣词造句也就不会胡说八道了。至于讲解经书，那么，应让年长有经验的教书先生去做，让道德修养高的成年人去做，年幼的孩子们用不着。私人编著的作品，让愿意把著作藏之名山而传给后世的人去做，朝廷用不着去管它。诗词歌赋，是私人并非紧要的作品。至于那些矫揉造作、不着边际的文章，朝廷考试取士那就更用不着它了。

（杨起予）

包世臣

包世臣（1775—1855），嘉庆举人。字慎伯、诚伯，晚年自号倦翁，安徽泾县人。

海运漕议（并序）

在该篇中，作者对当时严重的社会问题做了探讨，详细阐述了海运漕粮的现实意义。作者的主张曾一度被当时江苏的官员采纳，使海运漕粮“米石全无漂失”，“船商大利”。

嘉庆癸亥[1]，河南衡家楼决口[2]，穿山东张秋运河[3]，粮艘不能行，中外颇忧此事。

上以谏臣言[4]，饬有漕督抚议海运。予曾游上海崇明，登小洋、马迹诸山，从父老问南北洋事。稔海运大便，然非有所资藉，而骤改旧章，则疑众难成[5]。既见邸抄[6]，遂委屈告所知。未几，其说达于江苏巡抚，属为论列，巡抚以为然，删润再三，初缮折。而浙江巡抚已论罢其事，竟以中止。予以其关系极重，放删为私议，以俟后日之

① 癸亥：嘉庆八年，公元1803年。
② 衡家楼：清属河南省卫辉府封丘县（今河南封丘）。
③ 张秋：地名，在山东东阿县西南，运河所经。
④ 谏臣：指掌言职之臣，如清朝十五道监察御史等。
⑤ 疑众难成：众人疑虑，大事难成。
⑥ 邸抄：清政府之官报。

谋国是君子推取焉[①]。

驳海运之说者三，一曰洋氛方警，适资盗粮；二曰重洋深阻，漂没不时；三曰粮艘须别造，舵水须另招，事非旦夕，费便不赀。然三者皆书生迂谭，请得一折之以事实，而后伸正义。出吴淞口，迤南由浙及闽粤，皆为南洋，迤北由通海、山东、直隶及关东皆为北洋。南洋多矶岛，水深浪巨，非鸟船不行；北洋多沙碛[②]，水浅礁硬，非沙船不行。小鸟船亦吃水丈馀，沙船大者才四五尺。洋氛在闽、粤，皆坐鸟船，断不能越吴淞而北，以争南粮也。沙船聚于上海，约三千五六百号，其船大者载官斛三千石，小者千五六百石。船主皆崇明、通州、海门、南汇、宝山、上海土著之富民，每造一船，须银七八千两，其多者至一主有船四五十号，故名曰船商。自康熙廿四年开海禁，关东豆麦每年至上海者千万馀石，而布、茶各南货至山东、直隶、关东者，亦由沙船载而北行。沙船有会馆，立董事以总之。予尝问其每岁漂没之数，总不过千百分之一，而遇飓风，松仓在其中。松仓者，巨浪入仓，豆见水辄胀大至倍，恐船膨裂，故酌弃其半于海以松之也。今南粮由运河，每年失风，殆数倍于此。上海人往关东、天津，一岁三四至，水线[③]、风信熟如指掌。关东、天津之信，由海船到者无虚日，此不得以古人之已事为说也。秦、汉、唐漕粟入关，未尝言官艘，唯《刘晏传》有宽估之说[④]，谅亦杂雇民船。

国家除南粮之外，有货皆由采办。采办者，官与民为市也。间岁并有采买米粮，以民船运通之事，而山东、江南拨船[⑤]，皆由雇备，是雇船未尝非政体也，取其便适，无他患，何必官艘哉。沙船以北行

① 推取：选择采用。
② 沙碛：沙石。
③ 水线：行船航线。
④ 刘晏（715—780），字士安，曹州南华（今山东东明）人。唐代理财家，曾任吏部尚书、同平章事等职。宽估：《唐书》载刘晏用分段转运方法，减低了运费，岁运江淮粮食数十万石，以解决关中食粮。
⑤ 拨船：拨与棭通，一种海上大船。

为放空[1]。南行为正载[2]。凡客商在关东立庄者，上海皆有店。上海有保载[3]、牙人[4]，在上海店内写载，先给水脚[5]，合官斛每石不过三四百文。船中主事者名耆老，持行票店信，放至关东装货，并无客夥押载，从不闻有欺骗。又沙船顺带南货，不能满载，皆在吴淞口买人挖草泥压船。今若于冬底集船商，明白晓谕，无论其船赴天津，赴关东，皆先载南粮至七分，其馀准带南货。至天津卸于拨船，每南粮一石，给水脚银四钱。上载时，每石加耗米五升，卸载时，以平斛收[6]。津丁之加二五米[7]，俱成正供[8]，以增仓储。合计南粮四百万石，不过费水脚百六十万，曾不及漕项十之三四（此合州县津丁兑费而言[9]，非专指粮道库项也[10]）。而陆续开行，二月初，江浙之粮即可抵淀，往返三次，全漕入仓矣。船商以放空之船，反得重价，而官费之省、仓米之增无数，又使州县不得以兑费、津贴、旗柁名目[11]，藉词浮勒，一举而众善备焉。先期咨会浙江提镇[12]，哨招宝钱陈；江南提镇，哨佘山及大小洋山，会于马迹；山东镇臣，哨成山十岛，会于鹰游门[13]，以资弹压护送。而淀津有拨船数千号[14]，足敷过载。由淀津抵通二百

① 放空：空船行驶。
② 正载：沙船从东北载粮至上海，称正载。
③ 保载：沙船载货海运的担保人。
④ 牙人：一种中间商人，说合买卖双方交易者。
⑤ 水脚：水运之費。
⑥ 平斛，斛，容器名。通常五斗为一斛。按标准容器收漕米之意，称平斛。
⑦ 津丁：在天津的漕运兵丁。二五米：清代漕运征收正兑米一石，有的加征耗米二斗五升。
⑧ 正供：谓正当之赋，今通指田赋。
⑨ 兑费：明朝宣德后规定百姓运粮至府、州、县水路，兑给卫所官军，运往京师，百姓给官军耗米等费。
⑩ 库项：指库存正项。
⑪ 旗柁：清代漕米兑运，称运丁为旗丁。故旗柁即旗丁运米之漕船。此处指漕船的额外经费。
⑫ 提镇：清代提督与总兵之合称。
⑬ 招宝山，在宁波府；钱陈山，在嘉兴府，俱在海中。佘山，在崇明外洋。小洋山，在江苏、浙江洋面交界处。大洋山，在小洋山东面，入浙洋界。马迹山，在崇明南，上有都司营。鹰游门，在海州与山东洋面交界处。
⑭ 淀津：白洋淀、天津。

里，无粮艘沮滞，挽行顺速。唯装卸及发水脚之时，若使吏胥克扣需索，则船商或畏怯不前耳。然悉心筹画，专意了此一节，亦非甚难之事也。至行之有效，然后筹裁撤粮艘，安插柁水，清查屯田，其事皆有条理可循，兹未及具论，谨议。

译文

嘉庆癸亥年间，河南衡家楼黄河决口，河水穿越山东的张秋运河，使得运送粮食的船只不能航行，朝野上下对漕运的事情非常担忧。

皇上根据谏臣的建议，颁旨令与漕运有关的总督、巡抚一道商议海运的事。我曾经游览上海的崇明岛，登上小洋、马迹等山头，向当地的百姓了解有关南北洋的情况。获悉开展海运十分便利，大有可为，只是还没有确凿的根据，而一下子改变过去的做法，会引起众人的疑虑，结果难于达到目的。既然这事已在官报上有所披露，于是我就把所知道的情况说出来。过不多久，这一议论传到江苏巡抚处，被巡抚列入议事日程，巡抚认为这想法行得通。于是，我经再三的删改润色，拟好了奏折。而后来，浙江巡抚已决定不再考虑这事，这事也就不了了之。我认为这件事关系重大，所以，将其删改为个人的议论，以等待今后治国之良臣志士选择采用。

批驳海运的理由有如下三条：一条理由是，海上形势正处紧张之时，这时候搞海运无疑给海盗提供粮资；第二条理由是，海洋烟波浩瀚，变幻莫测，多有险阻，船只随时都有可能翻沉入海，酿成损失；第三条理由是，运粮的船只必须另外修造，舵手需要另行招募，这些都不是在短期内可以做到的，而且费用惊人。但我认为这三种都是书生迂腐的言词，请让我一一摆出事实，而后阐明正确的道理。出吴淞口，迤逦向南，由浙江到福建、广东水域，都属南洋；迤逦向北，由通海、山东、直隶，到关东水域，都属北洋。南洋多暗礁、小岛，水深浪大，只有鸟船才能通过；北洋多沙碛，水浅礁硬，只有沙船能够通行。小鸟船吃水也有丈馀，沙船大的才吃水四五尺。海盗骚扰广东、福建一带，都乘坐鸟船，断然不能越过吴淞向北行进，掠夺南方的漕粮。沙船集中在上海，约三千五六百只，其中大的可载官斛三千石，小的可载一千五六百石。船主都是崇明、通州、海门、南汇、宝山、上海本地的富户。每造一艘船需花银子七八千两，多的一个船主拥有船只四五十只，被称做船商。自康熙二十四年（1685）开海禁以来，关东的豆麦，每年运来上海的有千万馀石，而布匹、茶叶等各种南货到山东、直隶、关东一带的，也由沙船向北运送。拥有沙船者设有会馆，立董事来统管其事。我曾经询问每年船载货物漂散、沉没的数目，总共也不过千百分之一，而其中还包括遇飓风而松舱的损失。所谓松舱是由于巨浪冲刷，海水进入船舱，豆子浸水后成倍胀大，船主怕船被胀裂，于是，酌情抛一半到海里，以减轻船舱的负载。现在由运河运来的南方漕粮每年因风损失的大概是以上所述的几倍。上海人到关东、天津，一年可去三四趟，对于海上的航线、风的时讯了如指掌。关东、天津的信由海船送到上海，每天络绎不绝。因此不能用古人的例子作为反对海运的理由。秦、汉、唐各朝漕运的粮食入关中，没有听说用官船的，只有《刘晏传》有“宽估”的说法，想必也有兼雇民间船只来搞漕运的。

国家除南粮以外，百货都由采办而来。采办就是官府和百姓做生意。隔年就得采买米粮，然后雇民运载。而山东、江南所派的船只都是民间雇佣来的，这何尝不是国家的一贯政策呢？取它的便利，既然没有其他的害处，又何必一定要用官船呢？沙船向北是放空行驶，南返时才真正载粮。凡是在关东立有店庄的客商在上海都有店面。上海的店内有跟船押运的担保人和代人售物的牙人。先在上海店写凭证，运载前先付水运的费用，合官斛每石不过三四百文。船中主持事务的称耆老，持商行的票据和店中信物，放船到关东装货，途中无客户随同监载，却从未听说有欺骗行为。又因为沙船顺带南货，不能满载，所以都在吴淞口雇人挖草泥压船。现在如果在冬季末召集船商，明白告诉他们，无论船只开往天津还是东北，都先得载南粮到七分满，其馀准许携带南货。到天津后，卸南粮到专门的楼船上，每运南粮一石，给水运费银四钱。装货时每石加耗米五升，卸货时用平斛的办法收取，津丁所加的二五米，全部作为正供，用来增加漕仓存储。合计运南粮四百万石，也不过花运费一百六十万两，还不及漕运的十分之三四（这是合计州县津丁总费而得出的，不是专指粮道的库项）。而陆续开行，到二月初，江、浙一带的粮食即可抵达，往返三次，全部的漕粮都入仓了。这样，船商用原来放空的船反而得到额外丰厚的报酬，而官费的节省和仓米的增加难以计数，又使州县不能够用兑费、津贴、旗柁等名目借口来敲诈勒索，确实是一项一举多得的措施。预先通知浙江提镇派兵巡逻招宝山、钱陈山；江南提镇派兵巡逻佘山及大小洋山，同马迹山一带的官兵协同；山东镇臣派兵巡逻成山十岛，同鹰游门的官兵互为呼应，用来弹压和护送。而淀津有楼船千艘，足以应付往来的运载需要。由淀津到通州，两地相距两百里，没有粮船被阻滞留，并行顺利、迅速。只有装卸和发运费的时候，若有部分下层官吏乘机克扣、勒索，那么有些船商也许就会畏惧不前了。但如果加强管理，一心一意整肃，消除这一现象并不难。到这一措施初见成效的时候，再相应地筹划裁撤粮船，安插舵手，清查屯田。办这些事都是有据可循的，在这里就不一一赘说了。

（俞如先）

林则徐

林则徐（1785—1850），清末政治家。1850年，林则徐因病从云南告老回乡，住在南昌百花洲。3月18日，他给朋友姚椿写了这封信。姚椿，字春木，江苏娄县人，曾在湖北荆州书院讲学，与林则徐结识。

致姚椿　道光三十年二月初五日

信中林则徐对姚椿的“经世之学”未受重视表示同情，对江南诸省灾荒表示关注，且对邹鸣鹤的一些赈灾措施加以赞扬，反映了林则徐的“民本”思想。信里还具体地讨论了漕运和治理运河的方案，提出“顺河之性”、“河不与淮合以入江”的主张。此外，他还对英人入居福州，表示十分愤怒。

樗寮先生执事①，别来倏逾一纪②。驱驱况瘁③，衰疾连绵，虽生入玉门，已颓然成废矣。丙冬在陕，丁秋在滇④，两拜惠书及见赠之

① 樗寮：即姚椿。执事：原指侍从，书信中用以称对方，示不敢直陈，故向执事者陈述，表示尊敬。
② 倏（shū）：犬疾走，引申为疾速貌。
③ 驱驱：奔走不停的样子。况瘁：更加憔悴。
④ 丙冬：指丙午年冬天，即1846年冬天。丁秋：丁未年秋天，即1847年秋天。

作，且感且愧。欲作和诗与复缄相寄，藉以详述积怀。乃陕中得书之时，适弟因疾在告，难于搦管[1]。嗣是疾未大愈，即有滇南之移。值彼处汉、回连岁滋事，席不暇暖[2]，督师临边，如是者经年，而疾滋甚矣。来教久稽未报，自知罪甚，出入怀袖，耿耿于中。比在江西与钟泉观察言之[3]，观察以去岁所得尊书及新春手翰先后见示[4]，均承念及庸鄙，且以久不得书为疑，弟读之尤不禁汗之竟趾也[5]。所窃喜者，见近日手札神气充周[6]，新诗尤精采四溢，知书中所云近履胜前为不虚也。执事经世之学，虽未显用，而康济乃其本怀[7]。比者三江两湖[8]，异灾叠出，早知拯饿援溺之策[9]，无时不廑仁人念中[10]。兹读致钟泉及仲昀书[11]，复坚之以《川米行》之巨篇，洵救时恤民一长策也。仲昀弟与共事，明练果敏。且侧闻去冬以漕事之绌，有中旨密询各疆吏挹注转移[12]，蜀中连稔多年，自无可委。犹忆道光三年，弟在吴门招徕川、湖米客[13]，亦赖有枫桥、五露庵、浒关、望亭诸行户咸听指挥[14]，叠雇捷足[15]，赍信分赴川、湖各总口[16]，告以米价正高，速来必获大利，迟恐价落。因是贾舶麇集，彼此争售，价不禁而自跌。今两湖势不自给，其近川者，赖有川贩，巴东守口员弁宜勿留难。若

---

① 搦管：握持毛笔。
② 席不暇暖：形容忙碌奔走，没有安闲时间。
③ 比：近来的意思。钟泉：即邹鸣鹤，字钟泉，无锡人。原林则徐属吏，后任开封知府、广西巡抚等官。观察：道员之俗称。
④ 手翰：亲笔书信。
⑤ 汗之竟趾：形容非常羞愧。
⑥ 充周：饱满。
⑦ 康济：让百姓安居乐业。
⑧ 三江两湖：这里泛指江南地区及湖南湖北一带。
⑨ 拯饿援溺：救援遭受饥饿和水灾的人。
⑩ 廑（qín）：勤劳。此处作挂念解。
⑪ 仲昀：即吴振棫，字仲云。吴是浙江人，官至云贵总督。著有《花宜馆诗钞》，其中载有《林少穆宫保则徐挽词》。
⑫ 中旨：由皇帝发出的亲笔圣旨。挹（yì）注：以有馀补不足的意思。
⑬ 吴门：苏州。
⑭ 行（háng）户：指米行商户。
⑮ 捷足：善于走路的人。
⑯ 赍（jī）信：带着信。

近陕之处，亦可由兴安水道，浮汉以达江、淮[1]，此每岁丹阳、新丰贩售豕脯之熟路[2]，可循而行者也。今岁六省南漕[3]，惟江西最多，合碾运捐输至八十六万石[4]，非钟泉观察之荩心果力[5]，万不能尔。其回空各艘，渡河如许之艰，而孟陬月底[6]，悉已扫次从容受兑[7]，洵由一诚所感。省垣粥厂日期[8]，一展再展，亦钟泉捐廉倡之[9]，活人无算，知阁下所极乐闻也。东南民困久矣，但冀天心速转，旸雨无不时[10]，河伯无不仁[11]，疮痍犹可渐复[12]。

以人事论，则漕政、河防皆不能无变易。读执事甲申所著《河漕议》曰[13]："行海运而一时之漕治，行屯田而日后之漕益治。视河之所趋，不使与淮相合以入于江，而一时与后世之漕且俱治。"大哉言乎！体要具矣。弟亦常主此见，故于己亥年复奏漕议[14]，有二条曰："补救外之补救，本原中之本原。"正与先生同意。而因是不免见尤于人[15]，谅吾兄早闻之矣。又弟向议河事。以谓神禹虽未必可学[16]，而王仲通则无不可学[17]。其治法，自荥阳东至千乘入海[18]，天下无河患者六百年。无他，顺河之性也。今不亟使东注，而必导之南行，以激烈之

① 浮汉：由汉水行船。
② 豕脯：肉脯。
③ 南漕：此处指南方六省承担的漕米额数。
④ 捐输：此处指向朝廷缴纳漕米。
⑤ 荩心果力：即尽心尽力的意思。
⑥ 孟陬：阴历正月。
⑦ 扫次：先后。受兑：得到兑交。
⑧ 粥厂：荒年或隆冬官府施粥以赈济饥民之处。
⑨ 捐廉：捐献养廉银。清代在正俸之外，又按职务等级另给银钱，称养廉银。
⑩ 旸（yáng）雨：天晴和下雨。
⑪ 河伯：古代神话中的黄河水神，又叫冯夷。
⑫ 疮痍：创伤。
⑬ 甲申：1824 年。
⑭ 己亥：1839 年。
⑮ 见尤：被人责怪。
⑯ 神禹：即夏禹。
⑰ 王仲通：王景，字仲通。东汉时水利专家。
⑱ 荥阳：县名，在河南郑州西部，黄河南岸。千乘：古县名，治所在今山东高青县高苑镇北。

性，绕迂缓之程，势必不受。此皆惑于风水，而不计为患之大耳。弟读钟泉《道齐正轨》，于循吏各传①，持论皆具特识。尝语钟泉云：“君论王景治河，不外商度地势，可谓一言破的②。若以君主河事，诚有成竹在胸矣。”大作所云“河不与淮合以入江”，何其先获我心哉！今之洪泽湖叠受河淤③，浚则不胜其浚，不浚而运道几断。若使河不夺淮，则洪泽湖正可复泗州、虹县之旧④，以为帝藉⑤，谷尤不可胜食。非独不患淤，且惟恐其不淤矣。至千乘，即今之利津河，若由彼入海，须穿张秋运道⑥，则漕艘以转般为便⑦。如大作所引刘晏之法⑧，江船不入汴，汴船不入河，河船不入渭，非前事之可师者乎？因读执事谠议⑨，故纵笔及之，要难为寻行数墨者道也⑩。

弟自上年九月由滇扶病言归，沿途缓程而行，觅医诊治，又值风逆水涸，于嘉平望后⑪，始抵豫章⑫。贱疾固甚委顿，而大小儿之病尤剧，不得已暂寓江西就医。不意一小住间，忽忽四十日。蒿目时事⑬，愁怀益深，日内亦即由江返里矣。第鄙乡卧榻之侧，有人鼾睡⑭，能否常往，尚未可知，舍间本甚湫隘，有瞻乌爰止之叹⑮。

---

① 循吏：奉职守法的官吏。
② 一言破的：破的，射中目标。喻讲出了要害之处。
③ 洪泽湖：在江苏洪泽西部。清代，黄河夺淮，淮河下游河道淤积，淮水汇聚，遂成此湖。为我国第四大淡水湖。
④ 泗州：州名。唐时治所临淮（今泗洪东南），康熙时州城陷入洪泽湖。虹县：唐代置，清并入泗州。
⑤ 帝藉：也作“帝籍”，古代帝王征用民力耕种的田。每逢春耕前，天子到田里做象征性劳动。
⑥ 张秋：地名。在山东东阿西南，运河所经，与寿张、阳谷交界。
⑦ 转般：即转船法。宋开始采用分段运漕粮的办法。
⑧ 刘晏：唐理财家。他疏浚汴水，并用分段转运漕粮的方法，解决关中食粮。
⑨ 谠（dǎng）议：正直的议论。
⑩ 寻行数墨：即咬文嚼字之意。
⑪ 嘉平：即旧历十二月。望：月圆之时。常指农历每月十五日。
⑫ 豫章：江西的别称。
⑬ 蒿目：远望。
⑭ 卧榻之侧，有人鼾睡：此句指福州开埠之后，1848 年英国领事李泰国来福州，租住城内乌石山积翠寺房屋一事。
⑮ 瞻乌爰止：指乱世无家可归。

顷闻钟泉欲专人赍书尊处，故弟亦力疾作书[1]，奉答稽延之咎，幸鉴原焉。附去二诗，奉和昔时惠赠原韵，而所言皆目前事，祈为教之。又见钟泉观察录诗奉寄，弟亦约录《出关》、《入关》及《去官》之作数首，略明其志，并乞削正[2]，遇便交钟泉处，自可付送也。闻阁下所辑文录已成，艰于觅写，兹附上二十金，聊佐写资，要以无裨于事为愧。《学案》不识编就否？镜海奉常所刊[3]，曾否入览？异同若何？便中愿闻其略也。余惟为道自重，不宣[4]。

春仲五日愚弟林则徐顿首[5]
寓于江西百花洲

译文

樗寮先生执事：离别以来，转眼间已过了十二年。我奔走不停，劳累憔悴，疾病不断，虽得生还进入玉门关内，却已精力不足而成为无用之人了。丙午年冬，我在陕西，丁未年秋，在云南，两次拜读大札及所赠的大作，既感激又惭愧。本想作诗相和及复信，借以详细陈述我久已在胸的感想。但是在陕西见到您的信时，刚好我因病告假，难以提笔。接着，病还没有大好，就接到去滇南的命令。又正赶上该处的汉人、回民连年闹事，奔走忙碌，督率军队镇守边地，这样经过一年左右，疾病更加严重了。来信拖延很久而未能作复，自知罪过，时时放在手边，心中极为不安。近来在江西和钟泉观察谈起这件事。钟泉将去年和今年初春您的亲笔信先后给我看，承您念及我这个庸鄙

① 力疾作书：强持病体，勉强地写信。
② 削正：改正之意，敬语。
③ 镜海（1778—1861）：唐鉴，湖南善化人，理学家。著有《国朝学案小识》一书。奉常：官名，礼官。
④ 不宣：犹言不详尽的意思。
⑤ 春仲：仲春，即二月。顿首：敬语，一般用于信尾。

之人，又见兄因久未收到我的信而感到疑虑，弟读了尤其感到惭愧。而我心所暗暗高兴的是，见您近日的手书神气饱满，新作之诗尤其精彩纷呈，知道您信里所说近来步履比以前更矫健是不假的。您的经世之学虽未得到重用，然而您本以匡济社会为怀。近来江南地区灾害接连不断，知道您把拯救饥饿、援助灾民的对策时时挂在心上。现在读您致钟泉及仲昫的信，再用《川米行》这篇巨作加以充实，实在是补救时局、安恤百姓的一项长远计策。仲□与我共事，明达事理，果断敏锐。听说去冬因漕米短缺，朝廷发出圣旨，秘密询问各封疆大吏关于以有馀补不足的事。四川连续丰收多年，自然没有好推诿的。记得道光三年，我在苏州招徕四川、湖北米商，也多靠枫桥、五露庵、浒关、望亭等地的行商，他们都能听从指挥，接连雇用善于跑路的人，带信分别到四川、湖北各个总集散地，告诉他们米价正涨，快来贩卖，必可获得大利，迟了恐怕米价会下降。因此商船麇集，彼此争相抛卖，于是米价不加干预而自然降了下来。如今湖南、湖北米产量不能自给，其邻近四川的地区，依靠四川的米贩，巴东关口的官员不应阻难他们。至于靠近陕西的地方，也可以由兴安水道，从汉江用船以达长江、淮河，这是每年丹阳、新丰贩卖猪脯的老路，可因循。今年南方六省漕米，独江西最多，碾运捐输计达八十六万石，不是钟泉观察尽心尽力，是万万达不到的。其“回空”的各船，渡河是这样的艰难，而到正月底，已先后全数从容兑运完毕，确实是由一个“诚”字所致。省会粥厂一再延长开放的时间，也是钟泉捐献养廉银提倡的，救活了无数灾民，我知道这是阁下非常乐意听到的事情。东南地区百姓困苦已经很久了，只希望天公回心转意，晴雨适时，河伯发善心，百姓灾后的创伤还可望渐渐地平复。

以人情事理而论，漕运事务、治河都不能没有变更。读您甲申年所著的《河漕议》中称：“漕米从海上运送而漕政可得到一时的治理，实行屯田可使日后的漕政得到更好的治理。根据黄河水流的趋势，不让它与淮河相汇以入长江，那么一时和后世的漕政将得到全部彻底的治理。”多么伟大的见解啊，真是看到了全局，抓住了要害。弟也常常主张这种意见，因此在己亥年再次上奏漕运的问题，其中有两条说：“补救之外的补救方法，根本办法中的根本办法”正好和您的意见一样。但是因此不免受到他人的责难，谅兄早已听到这事了。还有我一向议论治河工程，认为夏禹治水方法虽然不一定能学，但汉人王景的治河却没有什么不能学的。他的治水办法，是使黄河从荥阳东流至千乘入海，天下无河患达六百年，没有其他原因，这是顺应了河流的水性。现在不尽量让黄河水向东流注入海，一定要引导它南流，让激烈的水性绕道走又慢又远的路程，势必不能容纳。这都是为所谓风水所迷惑，而不考虑其为患之大啊。弟读钟泉的《道齐正轨》，认为其中对于循吏各传，立论都具有特别见解。我曾对钟泉说：“您论王景治河，不外测其地势，可以说这句话击中了要害，如果让您主持治河工程，真是胸有成竹了。”大作所称“黄河不与淮河汇合以入长江”，真是说出了我的心里话！现在的洪泽湖接连受黄河泥沙的淤积，疏浚则不胜疏浚，不疏浚则运河河道几乎被切断。如果能使黄河不夺淮河河道，那么洪泽湖正可恢复泗州、虹县的旧貌，作为皇家的田地，所产稻谷真是吃不完，不但不担心淤积，还怕它不淤积呢。至于千乘，即今天的利津河，如果由那里入海，须穿过张秋运河河道，这样，漕船以转运为方便。如大作所引刘晏的办法，长江的漕船不入汴河，汴河的漕船不入黄河，黄河的漕船不入渭河，这是于前代史事中可以效法的。因为读了您刚直的议论，所以纵笔写了这些，这些是很难对咬文嚼字的人说的。

我从上年九月由云南带病回来，沿途行程迟缓，找医生看病，又遇上逆风和河水干涸，在（旧历）十二月十五日后，方到豫章（今江西南昌）。我的病体本来就十分疲弱，而大儿子的病更加严重，不得已暂时留住江西省就医。不料一小住，很快就过了四十天，挂念时事，心中愁绪更深，日内也将由江西返乡里了。但我的家乡“卧榻之侧，有人鼾睡”，能不能常往，还不知道。我家房舍本来很低矮狭小，真有乱世无家可归的感叹啊。

近来听说钟泉要派专人送信到贵处，所以我也勉强拖着病体给您写信，回信拖延之咎，希望鉴谅。附上两首诗，奉和您从前赠送我的那首诗，所表达的都是目前的事情，敬请指教。又看见钟泉观察抄录其诗奉寄给您，我也就便选录《出关》、《入关》及《去官》的诗数首，略表心志，并请指正。遇便交钟泉处，他自然会送给你的。听说阁下所辑文录已完成，缺钱雇人抄写，附上白银二十两，姑且资助您的抄写费用，我总以无补于事觉得惭愧。《学案》一书，不知道编成了没有？唐鉴刊刻的“学案”，你曾否读过？有什么异同之处？方便时很想知道其大概情况。我只为您道声自己珍重，馀不多说。

二月五日愚弟林则徐顿首

寄住于江西百花洲

（孟　莉）

曾国藩

曾国藩（1811—1872），字伯涵，号涤生，湖南湘乡人。历任侍郎，江宁、直隶总督。

备陈民间疾苦疏

此文系曾国藩署兵部左侍郎任上呈清政府的奏疏，奏疏中提出“民心涣散，则为患甚大”的意见，要求清政府革除弊政，反映了他早期的改革思想。他所指的弊政，就是“银价太昂”、“盗贼太众”、“冤狱太多”，对民间疾苦，多少做了一些暴露。但如何革除弊政，除提出“平银价”一条较具体外，其他都是泛泛而谈，而且也没有得到咸丰皇帝的采纳。此疏写于1851年2月7日。

奏为备陈民间疾苦①，仰副圣主爱民之怀事②。

臣窃闻国贫不足患，惟民心涣散，则为患甚大。自古莫富于隋文之季③，而忽致乱亡，民心去也；莫贫于汉昭之初④，而渐致乂安⑤，能抚民也。我朝康熙元年至十六年，中间唯一年无河患，其馀岁岁河

① 备陈：全面、具体陈奏的意思。
② 仰副：仰，表示臣子对皇帝的谦卑。副，符合。
③ 隋文：隋文帝。
④ 汉昭：汉昭帝。
⑤ 乂（yì）安：太平无事。

决，而新庄、高堰各案，为患极巨[①]；其时又有三藩之变[②]，骚动九省，用兵七载，天下财赋去其大半，府藏之空虚[③]，殆有甚于今日[④]。卒能金瓯无缺[⑤]，寰宇清谧，盖圣祖爱民如伤，民心固结而不可解也。我皇上爱民之诚，足以远绍前徽[⑥]。特外间守令[⑦]，或玩视民瘼[⑧]，致圣主之德意不能达于民，而民间之疾苦不能诉于上。臣敢一一缕陈之[⑨]：

一曰银价太昂，钱粮难纳也。苏、松、常、镇、太钱粮之重，甲于天下。每田一亩，产米自一石五六斗至二石不等，除去佃户平分之数与抗欠之数，计业主所收，牵算不过八斗[⑩]。而额征之粮已在二斗内外，兑之以漕斛[⑪]，加之以帮费[⑫]，又须（各）去米二斗。计每亩所收八斗，正供已输其六[⑬]，业主只获其二耳。然使所输之六斗，皆以米相交纳，则小民犹为取之甚便。无如收本色者少[⑭]，收折色者多[⑮]。即使漕粮或收本色，而帮费必须折银，地丁必须纳银[⑯]。小民力田之所得者米也，持米以售钱，则米价苦贱而民怨；持钱以易银，则银价

---

① 新庄、高堰各案：新庄，指新庄闸，在江苏淮阴县，为运河入淮之口，后渐淤塞。高堰，即高家堰，江苏泗阳南，洪泽湖东北。有水坝五，以渲泄湖水。康熙三十五年以后，屡决为患甚烈。

② 三藩之变：康熙十二年，清下令撤藩。吴三桂、尚可喜、耿继茂三藩王起兵反清，史称“三藩之乱”。

③ 府藏：国家的库藏。

④ 殆：大概，恐怕。

⑤ 金瓯：指国土。

⑥ 绍：继承。前徽：以前的美德。

⑦ 守令：太守及邑令，即知府和县令。

⑧ 民瘼：百姓的疾苦。

⑨ 缕陈：详细陈述。

⑩ 业主：土地所有者或占有者。牵算：平均估算。

⑪ 漕斛（hú）：历代政府规定运往京师供官军食用的粮食，叫漕米。兑成漕斛，则有加征。

⑫ 帮费：帮，清代各省漕船基层组织。每帮以百户千户一人或两人领运，船帮领取各种名目的费用，称帮费。

⑬ 正供：指田赋。

⑭ 本色：历代赋税中原定的征收实物，如米麦等称本色。

⑮ 折色：清代赋税改征银两叫折色。

⑯ 地丁：清代“摊丁入亩”后，地赋和丁银的总称。

苦昂而民怨。东南产米之区，大率石米买钱三千，自古迄今，不甚悬远。昔日两银换钱一千，则石米得银三两。今日两银换钱两千，则石米仅得银两五钱。昔日卖米三斗，输一亩之课而有馀。今日卖米六斗，输一亩之课而不足。朝廷自守岁取之常①，小民暗加一倍之赋。此外如房基，如坟地，均须另纳税课。准以银价②，皆倍昔年。无力监追者，不可胜计。州县竭全力以催科③，犹恐不给，往往委员佐之，吏役四出，昼夜追比④，鞭扑满堂，血肉狼藉⑤，岂皆酷吏之为哉⑥！不如是，则考成不及七分⑦，有参劾之惧；赔累动以巨万，有子孙之忧。故自道光十五年以前，江苏尚办全漕⑧，自十六年至今，岁岁报歉，年年蠲缓⑨，岂昔皆良而今皆刁！盖银价太昂，不独官民交困，国家亦受其害也。浙江正赋与江苏大略相似，而民愈抗延，官愈穷窘，于是有"截串"之法⑩。"截串"者，上忙而预征下忙之税⑪，今年而预截明年之串。小民不应，则稍减其价，招之使来。预截太多，缺分太亏，后任无可复征，使循吏亦无自全之法。则贪吏愈得借口鱼肉百姓，巧诛横索⑫，悍然不顾。江西、湖广课额稍轻，然自银价昂贵以来，民之完纳愈苦，官之追呼亦愈酷⑬。或本家不能完⑭，则锁拿同族之殷实者而责之代纳。甚者或锁其亲戚，押其邻里。百姓怨

---

① 岁取：指一年的财政收入。
② 准：根据。
③ 催科：地方官吏对赋税的催收。亦名"催征"。
④ 追比：封建社会地方官吏严逼百姓限期交税、交差、逾期受杖责，叫追比。
⑤ 狼藉：形容散乱的样子。
⑥ 酷吏：指虐待百姓施加酷刑的官吏。
⑦ 考成：定期考核官吏的政绩。
⑧ 全漕：收足漕粮。
⑨ 蠲（juān）缓：减免或缓期交纳。
⑩ 截串：上忙预征下忙之税，或今年预截明年之税的意思。串，征粮的凭据。
⑪ 上忙、下忙：清代征收地丁钱粮的两个期限。雍正时规定，上忙为农历二月开征到五月截止，下忙为八月开征到十一月截止。
⑫ 巧诛横索：巧诛，用欺诈手段索取。横索，强行勒索。
⑬ 追呼：官吏催租，追迫呼吓。
⑭ 本家：此处指完粮户自己。

愤，则抗拒而激成巨案。如湖广之耒阳、崇阳，江西之贵溪、抚州，此四案者，虽闾阎不无刁悍之风，亦由银价之倍增，官吏之浮收①，差役之滥刑，真有日不聊生之势。臣所谓民间之疾苦，此其一也。

二曰盗贼太众，良民难安也。庐、凤、颍、亳一带，自古为群盗之薮。北达丰、沛、萧、砀，西接南、汝、光、固，此皆天下腹地②，一有啸聚③，患且不测。近闻盗风益炽，白日劫淫，掳人勒赎。民不得已而控官，官将往捕，先期出示，比至其地④，牌保辄诡言盗遁⑤。官吏则焚烧附近之民房，示威而后去；差役则讹索事主之财物⑥，满载而后归，而盗实未遁也；或诡言盗死，毙他囚以抵此案，而盗实未死也。案不能雪，赃不能起，而事主之家已破矣。吞声饮泣，无力再控。即使再控，幸得发兵会捕，而兵役平日皆与盗通，临时卖放⑦，泯然无迹⑧；或反借盗名以恐吓村愚，要索重贿，否则，指为盗伙，火其居而械系之；又或责成族邻，勒令缚盗来献，直至缚解到县，又复索收押之费，索转解之资。故凡盗贼所在，不独事主焦头烂额，而最疏之戚，最远之邻，大者荡产，小者株系，比比然也⑨。往者嘉庆川、陕之变⑩，盗魁刘之协者⑪，业就擒矣，太和县卖而纵之，遂成大乱。今日之劣兵蠹役⑫，豢盗纵盗，所在皆是，每一念及，可为寒心。臣在刑部见疏防盗犯之稿⑬，日或数十件，而行旅来京言被劫不

---

① 浮收：于正额外，以各种名目多收之总称。
② 腹地：指与港口保持有密切联系的内地。
③ 啸聚：互相呼召，聚集成群。
④ 比：及、等到。
⑤ 牌保：清制十户立一牌长，十牌立一甲长，十甲立一保长。
⑥ 事主：刑事案件的原告，引申为受害者。
⑦ 卖放：收受贿赂，放走盗贼。
⑧ 泯然：消失。
⑨ 比比：处处。
⑩ 川、陕之变：指1796年川、楚白莲教起义。
⑪ 刘之协：清嘉庆年间农民起义领袖，安徽太和人，白莲教教首，曾领导川、楚起义，失败后被杀。
⑫ 蠹役：侵吞国家财富，勒索民脂的恶劣差役。
⑬ 刑部：清代官制六部之一，主掌刑律，审核案件。

报、报而不准者，尤不可胜计。南中会匪名目繁多[①]，或十家之中，三家从贼，良民逼处其中，心知其非，亦姑且输金钱、备酒食以供盗贼之求而买旦夕之安。臣尝细询州县所以讳盗之故[②]，彼亦有难焉者。盖初往踩缉，有拒捕之患；解犯晋省，有抢夺之患；层层勘转，道路数百里，有繁重之患；处处需索，解费数百金，有赔累之患；或报盗而不获，则按限而参之[③]，或上司好粉饰，则目为多事而斥之。不如因循讳饰，反得晏然无事[④]。以是愈酿愈多，盗贼横行，而良民更无安枕之日。臣所谓民间之疾苦，此又其一也。

三曰冤狱太多，民气难伸也。臣自署理刑部以来[⑤]，见京控、上控之件[⑥]，奏结者数十案[⑦]，咨结者数百案[⑧]，惟河南知府黄庆安一案，密云防御阿祥一案[⑨]，皆审系原告得实[⑩]，水落石出。此外各件，大率皆坐原告以虚诬之罪，而被告者反得脱然无事。其科原告之罪，援引例文，约有数条：或曰申诉不实，杖一百；或曰蓦越进京告重事不实，发边远军；或曰假以建言为由，挟制官府，发附近军；或曰挟嫌诬告本管官，发烟瘴军。又不敢竟从重办也，则曰怀疑误控，或曰诉出有因，于是有收赎之法，有减等之方，使原告不曲不直，难进难退，庶可免于翻案，而被告则巧为解脱，断不加罪。夫以部民而告官长[⑪]，诚不可长其刁风矣。若夫告奸吏舞弊，告蠹役作赃，而谓案案

---

① 南中：古地名，相当于现在的四川大渡河以南及云南、贵州两省。会匪：指结成会党之徒众。
② 讳盗：盗案发生，不追查，不上报。
③ 参之：弹劾。
④ 晏然：平安。
⑤ 署：暂时代理。
⑥ 京控：百姓去京都察院、通政司或步军统领衙门上诉的，称为京控。上控：指百姓对所属上级官吏控告，称上控。
⑦ 奏结：清代，凡死罪案由督抚报刑部，刑部定案，再奏请皇帝听裁，称为题结，即奏结。
⑧ 咨结：案件由上级机关咨送刑部，认可后即称咨结。
⑨ 防御：官名。清代，凡陵寝及驻防之处，皆设此官。
⑩ 得实：审案得到实情。
⑪ 部民：百姓对地方官自称部民。

皆诬，其谁信之乎？即平民相告，而谓原告皆曲[①]，被告皆直[②]，又谁信之乎？圣明在上，必难逃洞鉴矣。臣考定例所载，民人京控，有提取该省案卷来京核对质讯者，有交督抚审办者，有钦派大臣前往者。近来概交督抚审办，督抚发委首府[③]，从无亲提之事。首府为同寅弥缝[④]，不问事之轻重，一概磨折恫喝，必使原告认诬而后已。风气所趋，各省皆然。一家久讼，十家破产，一人沉冤，百人含痛。往往有纤小之案，累年不结，颠倒黑白，老死囹圄[⑤]，令人闻之发指者。臣所谓民间之疾苦，此又其一也。

此三者皆目前之急务。其盗贼太众、冤狱太多二条，求皇上申谕外省[⑥]，严饬督抚，务思所以更张之[⑦]。其银价太昂一条，必须变通平价之法。臣谨胪管见[⑧]，另拟银钱并用章程一折，续行入奏。国以民为本，百姓之颠连困苦[⑨]，若有纤毫不得上达，皆臣等之咎也。区区微贱，伏乞圣鉴。谨奏。

译 文

为了详尽地陈述民间的疾苦，以符合我英明皇上爱民之心，特奏请皇上。

我听说国家贫穷不足以成为祸患，只有民心涣散，才是极大的祸患。自古没有比隋文帝末年更富有的，而忽然招致丧乱和灭亡，是因为失掉了民心！没有比汉昭帝初期更穷的了，而逐渐达到太平无事，是由于能够安抚百姓。我朝康熙元年至十六年，中间只有一年没有河

---

① 原告：法律名词。刑事案的自诉人或民事案起诉人。
② 被告：指被提起诉讼的人。
③ 首府：指一省行政长官所在地。
④ 同寅：同在一处当官的人。弥缝：补救行为的过失。
⑤ 囹（líng）圄（yǔ）：牢狱。
⑥ 外省：中央之外的各省。
⑦ 更张：更改，改变。
⑧ 胪：陈述。管见：比喻见识狭小，如在管中看物一样。
⑨ 颠连：困顿不堪。

患，其徐年年河流决口，而新庄、高堰各案，为患极大。当时又爆发了“三藩之乱”，九省骚动，用兵七年，国家财赋用去了大半，国库空虚，恐怕比现在更严重。最终还是国土统一完整，天下安宁，原因是圣祖非常爱护百姓，民心都倾向朝廷，不离心离德。我皇上爱民之诚意，足以继承前代的美德。唯独地方上的官员，有的无视百姓的疾苦，以至使我圣朝君主的美好善良心意不能播及百姓，民间疾苦不能反映给皇上。我大胆地一一分别陈述如下：

一是白银价格太贵，完纳钱粮有困难。苏州、松江、常州、镇江、太仓等地百姓钱粮负担之重，居全国首位。每一亩田，产粮从一石五六斗到两石不等，除去佃户平分的数量与抗交拖欠的数量外，计业主所收，平均不过八斗。而定额征收的粮已在两斗左右，再兑成漕斛，加上帮费，又须各去掉米两斗。统计每亩所收八斗，正供已缴交六斗，业主只获二斗罢了。假如，上交的六斗，都用米交纳，那么百姓还算方便。无奈收实物的少，折收银两的多，即使漕粮有的收实物，而帮费必须折收白银，地丁税必须缴纳白银。老百姓种田所得的是米，拿米去换钱，由于米价太低而百姓不满；再拿钱换银，又因银价太贵而百姓怨恼。东南产米地区，大约一石米换钱三千文，自古到今，悬殊不太大。以前一两银换钱一千文，那么一石米得银三两。今日一两银换钱两千文，那么一石米只得银一两五钱。以前卖米三斗，缴纳一亩的税而有馀，今日卖米六斗，缴纳一亩的税还不够。朝廷虽然只是保持了每年财政收入的原数，老百姓却无形中增加了一倍的赋税负担。此外的房基、墓地还都要另外纳税，以银价折算，都比往年增加一倍。官吏无力去催促监管而追不回税款的，不可胜数。州县官员尽全力催讨，还怕追不齐，往往派员协助，小吏衙役四面出动，日夜追讨，被鞭打的小民充满公堂，血肉四溅，这些难道都是酷吏造成的吗？如果不这样，官员的政绩考核就达不到七分，害怕受到参劾；而赔偿也动辄巨万，担忧累及子孙。所以道光十五年以前，江苏还能收足漕粮，自十六年至今，年年收成抱歉，年年漕粮减缓，难道百姓以前都善良，而现在都刁猾了吗？原因是银价太高，不但官民交困，国家也随着受害啊！浙江征税和江苏大致相同，而百姓越是抗交拖欠，官员越是为难，于是有“截串”的办法。“截串”是指上忙而预征下忙的税，今年而预截明年的税。老百姓不愿意，就稍减其价，诱使他们来交。“预截”太多，缺额也就越大，继任的官员就没有可以征收的了，即使奉职守法的官员也没有自全的办法。而贪官污吏越能得到借口鱼肉百姓，巧取豪夺，横行无忌。江西、湖广征额稍轻，然而自从银价昂贵以来，百姓纳税越来越苦，官吏追逼催讨也越来越残酷。有的本人不能完纳的，就锁拿同族的富裕者责令代纳。严重的还锁拿亲戚，扣押邻里。百姓怨恨愤怒，便起来反抗，因而激成大案。如湖广的来阳、崇阳，江西的贵溪、抚州，这四大案件，虽说乡里不是没有刁悍的风气，但也是由于银价的成倍增长，官吏的额外征收，差役的滥施刑罚，真有使民日不聊生的势头。我所说的民间疾苦，这是其中的一种。

二是“盗贼”太多，良民难以安生。庐州、凤阳、颍川、亳州一带，自古是“群盗”聚集的地方。北到丰县、沛县、萧县、砀山，西接南阳、汝南、光州、固始，这些都是天下的腹地，一旦有人啸聚作乱，祸患不可预测。近来听说盗匪越来越盛，白天都打劫奸淫，绑票勒索赎金。百姓不得已向官府控告，而官府要前去捕贼时，却先出告示。及到其地，乡里的牌长、保长就谎告盗贼已经逃跑。官吏就焚烧附近的民房，示威而后离开；差役则讹诈勒索事主的财物，满载而归，而盗贼实际上并没逃跑；有的则假说盗贼已死，用处决别的囚犯来抵此案，而强盗实际上并没有死。案件不能得到昭雪，赃物不能得到追回，而事主的家已破产了。事主吞声饮泣，没有力量再上告。即使再上告，侥幸能得官府派兵会捕，而士兵役卒平时都与盗贼串通，临时受贿放走盗贼而没有留下丝毫痕迹；有的反用盗贼的罪名恐吓村里的愚昧百姓，勒索巨额贿赂，不给者则指为盗贼同伙，烧其房屋又铐锁其人；又有的责成事主的同族、邻里，勒令其捆绑盗贼来献官，直到捆绑解押盗贼到县衙，又再勒索关押盗贼的费用，勒索解送盗贼的费用。所以凡是有盗贼的地方，不单当事人焦头烂额，即使最疏远的亲戚，最远的邻居，重的遭到倾家荡产，轻的受到牵连拘囚，处处都是如此。从前嘉庆年间的川陕之变，贼首刘之协已经就擒了，太和县受贿放走了他，于是演成大乱。如今那些恶劣的士兵差役，他们豢养并放纵盗贼，到处都是这种情况，每一想到这些，令人寒心。我在刑部任职时，见有关防范盗犯的疏稿，有的一天数十件，而据来京城的人说，被抢劫不报官的，报官而不予立案的，更不可胜数。南中地区的“会匪”名目繁多，有的十家之中就有三家从贼，良民被迫参与其中，心里明白这是不对的，也得暂且送金钱，备办酒食以满足盗贼的要求而换取暂时的平安。我曾详细询问州县，其所以不敢说盗贼做祟的原因，他们也是有难处的。大体是开始去查缉，担心拒捕；解犯人到省州，忧虑途中被抢夺；级级查问解送，道路几百里，工作过于繁重；而解送盗犯的费用达数百银两，害怕赔累；举报盗贼而未捉到，到了规定期限便受到弹劾；上级好粉饰太平，便将举报的官吏看成多事而加以斥责。所以不如因循掩饰，反而安然无事。因此案件越酿越多，盗贼横行，而良民更无太平的日子。我所说的人民疾苦，这又是一种。

三是冤狱太多，民气难伸。我自署理刑部以来，见京控、上控的案件，奏请皇上结案的有数十件，咨送刑部结案的有数百件，其中只有河南知府黄庆安一案、密云防御阿祥一案，均经审理原告，得到实情，水落石出。此外各个案件，大体都判原告为谎报或诬告，而被告反而安然无事。其定原告的罪，援引例文，约有几条：有的说原告申诉不符事实，棍打一百；有的说原告越级进京上告大事，不符实情，发配边域充军；有的说原告借建议为理由，挟制官府，发配附近充军；有的说原告怀有旧仇诬告上司，发配烟瘴之地充军。但又不敢真的这样从重办罪，就说怀疑上告有误，或说控诉事出有因，于是采取了收赎的办法和减轻罪名等办法，使原告陷于不曲不直、难进难退的境地，以使其免于翻案，而被告则巧妙得以开脱，绝对不予定罪。以百姓而控告大官，的确不可助长这种刁蛮风气。若是告贪官污吏舞弊，告鱼肉百姓的差役吞没财物，却说每个案件都是诬告，有谁相信呢？即使平民百姓之间相告，却说原告都是无理，被告都是在理，又谁相信呢？贤明的君主在上，这些都是很难瞒过您的洞察的。我考查定例所载，百姓京控，有的是提取该省案件资料来京核对审查的，有的是交督抚审查办理的，有的是派钦差大臣前往审核的。近来案件一概交督抚审办，督抚则委交道府办理，从没有亲自提审的事。省府则为同僚弥缝过失，不管事情轻重，一概折磨、恫喝原告，必定使他承认诬告才罢休。风气所趋，各省都是一样，一家长久诉讼，十家破产，一人陷入冤屈，百人含痛，往往有很小的案件，数年不能结案，颠倒黑白，使人老死于牢狱，令人听之发指。我所说的民间疾苦，这又是其中的一种。

这三种都是目前的急务。其中盗贼太多，冤狱太多两条，恳求皇上发布谕旨到地方各省严厉饬责督抚，一定要想办法加以改革。其中银价太贵一条，必须变通平抑银价的办法。我谨陈述粗陋意见，另外拟定银、钱并用章程奏折，接着上奏。国家以百姓为本，百姓的颠连困苦即使有丝毫不能上达给皇上，都是我等的错误。小小一点忠心，乞求皇上明鉴。谨奏。

（林清荣）

冯桂芬

冯桂芬（1809—1874），字林一，号景亭，晚号邓尉山人。主张学习西方科技，兴办军事工业。他的思想对洋务派有很大影响，后被资产阶级改良派奉为先导。

汰冗员议

在此文中，冯桂芬针对当时清朝政府机构臃肿、官浮于事的弊病进行了深刻的揭露，并提出了一系列的建议和改革方案。

周礼设官分职[①]，郑注谓各有所职而百事举[②]。有是官始能举是事，无是官即不能举是事，而后是官不可废，不然者皆冗员也。国家多一冗员不特多一靡廪禄之人，即多一浚民膏之人[③]，甚且多一偾国是之人[④]，亦何苦而设此累民累国之一位哉。今之冗员多矣，不冗于小而冗于大，不冗于闲而冗于要，不冗于一二而冗于十百。试备言之：

一漕运衙门。夫南漕之百馀万石耳[⑤]，彼富商大贾，挟数百万之

① 周礼：亦称《周官》或《周官经》，儒家经典之一。搜集周王室官制和战国时各国制度，添附儒家思想，增减排比而成的汇编。

② 郑注：即东汉经学家郑玄的注解。

③ 浚：榨取。

④ 偾（fèn）：败坏。

⑤ 南漕：清代对所有运抵京师各仓漕粮的总称。

资，致数千里之远，踰山涉渊，艰难险阻有数倍于运道者，曾不假尺寸之势、什伍之卫而不患不达，矧煌煌然天庾正供耶①。设无漕督以下各官，经过之地有郡县、有营汛、有河员，莫非王臣，将袖手而听其不达耶？朝廷之力乃不富商大贾若耶？天下有非常大事而理不可通者，此类是也。今制，漕督以少司马领行台开府②，握兵符控制七行省，岂不巍然大官哉？夷考其职，不知何所为也。考漕营始于明隆庆间，漕抚方廉为备倭患而设，厥后因而不删，久乃忘其所自始。漕督所辖工弁三百，标兵二千，暖衣饱食，安坐无事。将约束水手耶？万艘绵延千百里，鞭长不及。将儆备不虞邪③？不足以当胠箧探囊之盗④，矧其大者。复有旗丁一项，然则靡费国帑，需索漕船之外，无馀事矣。是为一最大冗官。至粮道一官⑤，于公事无丝毫之益，岁一临仓，责州县陋规⑥，取盈而去。州县倚为护符，弹压生监，恫喝平民，以为陋规之酬。所谓公事者，助旗丁勒索州县，助州县鱼肉小民而已。今河运不可复，漕督粮道更无所用。此外又有督粮同知、管粮通判、主簿之类，皆坐食漕规，不与漕务。此漕督以下一切官弁兵丁之必宜全裁者也。

一河务衙门。两河岁修五百万，实用不过十之一二耳，其馀皆河督以至兵夫瓜剖而豆分之。闻循谨河员常以十之三办公⑦，贪冒者递减⑧，甚有非抢险不使一钱者。夫既不办工，自以并归地方为便。至河兵之制创自国朝⑨，初设时其人皆谙习水性，持土石与波涛争胜，

---

① 矧（shěn）：况。煌煌：明亮貌，形容光彩鲜明。
② 领：兼任较低的官职。行台：在大行政区代表中央的机构即称行台。开府：清代称出任外省督抚为“开府”。
③ 儆备：戒备。虞：谋划好，事先有准备。
④ 胠（qū）箧（qiè）：撬开小箱子，亦用为盗窃的代称。
⑤ 粮道：官名，专管漕运。
⑥ 责：要求。陋规：历来相沿的不良成例。
⑦ 循谨：谨慎守法。
⑧ 贪冒：贪图财利。
⑨ 国朝：封建时代称本朝为“国朝”。

合龙下扫不失尺寸①，故办工不调民夫。今皆不然，是河兵亦毫无所用，此河督以下一切官弁兵丁之必宜全裁者也。

一各关监督。体统与督抚埒②，靡费繁多，故视道府兼管之关征收倍绌，织造公事更简③，故谚谓之吃饭官。至各口监督，税课更少。如能另议概撤各关，大善。即不能，尽可归督关委员兼理（康熙六年以王熙言裁关差并地方官），此监督、织造之必宜全裁者也。

一盐务衙门。盐铁置使由来已久。运使固不可省，至盐政领之督抚已足。至运同、运副、提举等官亦或有或无，毫无深义。大使似州县非州县，亦两歧④。惟各场辽阔，不可无官，可移吏目、巡检驻扎，兼理盐事，但存运同或运副一人为运使之属，驱策奔走可矣。此盐务中同副等官之必宜量裁者也。

一督抚司道。考郡县之始，守令而已。今准古大小侯守，准古方伯连帅，其官重矣。后世始设监临官守，权渐轻。至有道有司有督抚而守令第于舆台⑤，非重亲民官之道也。督抚始于明，不常置，后乃为专官。总督多至十二人，巡抚多至二十九人。国朝多并省而例亦不一，督抚或并设或偏设。并设者不必治，偏设者不必不治，是督抚可省其一。大省督兼抚，如直隶等省。小省抚兼督，如山西等省。如使各直省以布政司为主，又设按察司掌刑司、按劾之事，而刑名不过视成例，按劾久无其实，可并之布政。又各道本布按之副，兵巡盐粮各分一职，无非赘疣⑥。折中之法，酌以三四府设一员，兼两司各道之事，而上其成于督抚。至郡县以各设一副为限。此督抚司道以下各员之必宜量裁者也。

---

① 合龙：堵口截流过程中最关键的阶段。
② 埒（liè）：相等，同样。
③ 织造：官名。明清于江宁、杭州、苏州各地设专局，织造各种衣料及制帛诰敕丝缯之类，以供宫廷需要。专管该项事务的官员称织造。
④ 两歧：分杈成两枝。后引申为事物向不同方向发展或意见不统一。
⑤ 舆台：古代分人为十等，舆为第六等，台为第十等。舆台指地位低微之人。
⑥ 赘疣：比喻多馀无用的事物。

一京官。六卿九列后先奔走[①]，备员品而壮观瞻。帝者之仪，因不能概以简陋，且从古已然，宜仍旧贯。惟东宫不设，安用宫属，詹事府可并归翰林院，以副名实。科道为耳目之官，宜多不宜少。然今制八十人之中，伏马寒蝉居大半[②]，何取乎？具臣不知减额之半，而许科甲出身之中书以上及外任司道言事，殆不啻八十人之效也。有可采耶，同拾遗补阙之攸资[③]；无可采耶，亦询事考言之一法。其馀闲曹亦减其半。内务府糜帑更多，必应大减（康熙二年裁苑马寺，三十七年裁上林苑）。编检在二十名外者，部曹五年内不能补缺者，概令回籍充山长。一以广教化，一以示体恤，为两得之术，此京官必宜量裁者也。

一内外武职。王公、将军、都统之外，提督十三人，总兵六十二人，亦大官太多。又如准部、回部、新疆各官亦太多，率多养尊处优，恶劳好逸，能糜帑不能杀贼，宜无论大小皆减其半。此内外武职之必宜量裁者也。恭考《会典》[④]，内外文武官共二万七千馀员，其编检、庶吉士、侍卫以及准部、回部，官无定员者不与焉。我朝设官于古不为多，而大官之多，为汉以来所未有。国家鼎盛之时，物力丰盈、雍容揖让，无形之弊人所不觉。今则自微而著，有不能不加芟薙者[⑤]，而节费固其小焉者也。

译文

《周礼》设置官员分掌职事，郑玄注《周礼》说：各司其职一切事情都办起来了。有这种官才能办好这种事，没有这种官就不能办好

① 六卿九列：六卿，周代的六官。九列即九卿。这里泛指中央政府各部门高级官员。
② 寒蝉：寒天的蝉。蝉到秋深天寒即不再叫，故把有所顾虑而默不作声的人比作寒蝉。
③ 拾遗补阙：谏官名。攸资：攸，此处作“所”解。资：凭借。
④ 《会典》：记载一代政典事例之书。其体裁出于《周礼》，大抵以官统事，以事隶官。在此指《清会典》。
⑤ 芟薙：芟（shān），删除杂草。薙（tì），除草。

这种事，这样的官职才是不可废除的，不是如此的话，就都是冗官。国家多一个冗官不只多出一个靡费俸禄的人，还多出一个榨取民脂民膏的人，甚至还多出一个败坏国家大计的人。又何苦设置这样一个害国害民的官位呢？当今的冗官太多了，不冗在小官而冗在大官，不冗在闲职而冗在要职，不是多馀一两个，而是多了百十个。试作全面介绍：

一是漕运衙门。漕运不过三百多万石的粮米，那些富商大贾带着几百万的资金，到几千里之外的地方，跋山涉水，其艰难险阻的程度超过运道数倍。不需凭着丝毫权势，不需军队护卫，而不担心到不了，何况声威赫然的朝廷漕米呢！倘若没有漕运总督以下各官，经过的地方有郡县、营汛、河员，无一不是朝廷的官员，他们能袖手旁观听任漕粮运不到吗？朝廷的力量难道比不上富商大贾吗？天下有非同一般的大事而从道理上讲不通的，就属此类。当今制度，漕运总督以少司马兼领行台开府，掌握兵权，控制七个行省，难道不是个很大的官吗？然而考察他的职事不知是做些什么事情。考查漕营的设置始于明朝隆庆年间，漕抚方廉是为防备倭寇的进攻而设置的，此后一直沿袭没有裁撤，时间久了，人们也忘记了当初设置的目的。漕督所管辖的工作人员三百，士兵两千，吃得饱穿得暖，闲着无所事事。将用他来约束水手吗？漕船成千上万，连绵千百里，管辖不到。将用他来防备意外事故吗？连小偷小摸的盗贼都无法阻挡，何况大的。还有旗丁一项，除了浪费国库钱财，勒索漕船之外，没有别的事情可做。这是一个最多馀的官职。至于粮道一官，对于公事没有丝毫的好处，每年到粮仓一次，要求州县循守陋规，再装满腰包而去。州县官员以此官为护身符，压制监生的清议，吓唬百姓，向百姓勒索，补偿被粮道索去财物的陋规。所谓公事，不外是帮助旗丁勒索州县，帮助州县官勒索平民百姓而已。现在河运不可能恢复，漕督粮道更没有任何用处。此外，还有督粮同知、管粮通判、主簿之类的官，都是白吃漕运的

“陋规”，而不干漕运事务。这类漕督以下的所有官员士兵应当全部裁撤。

一是河务衙门。每年两河修浚花费五百万，实际费用不超过十分之一二，剩下的都由河道总督以及下级官员瓜分了。据说谨慎循规的河员一般是用十分之三的款项办河工，贪赃肥己的河员则递减，甚至有只要不逢抢险之事就一钱不花的。既然不办理河工，自然以将其事务归并地方为便。至于河兵制度的创设，始于本朝。起初调置的时候，那些人都熟悉水性，拿着土石与波涛搏斗，补口合龙时不差尺寸，所以施工不用征调民工。现在已不是这样，这些河兵也毫无用处了。这类河督以下所有官员士兵应当全部裁撤。

一是各关口监督。体制与督抚一样，耗费很大，所以比道府兼管的关卡，征收更加倍地减少，而织造官的事务更加简单，所以谚语称他们是吃饭官。至于各口的监督，所收课税更少。如果能专门考虑，一概撤掉各关，是最好的。即使不能全部撤销，尽可能归于督关委员兼理（康熙六年根据王熙的建议裁关归并地方官）。这类监督、织造官应当全部裁撤。

一是盐务衙门。盐铁使的设置历史很久了。盐运使虽然不可以缺少，但盐政的官职由督抚兼领就已经足够。至于运同、运副、提举等官，设与不设都没有太大意义。大使类似州县官又不是州县官，也是不统一。只是各个盐场广阔，不可以没有官，可以派吏目、巡检驻扎兼理盐务，只保留运同或运副一人为运使的下属，供其役使就可以了。此类盐务中运同、运副等官必须斟酌裁撤。

一是督抚司道。考查郡县制度初始阶段，只有郡守县令而已。今天拿它比照古代的大小侯守，古代的方伯连帅，其官位是非常重要的。后来开始设置监临官守，守令的权位便渐渐减轻。到了设道、司、督抚时，守令地位就很低下了，这不是重视亲良官的道理。总督巡抚始于明朝，当时并不是常设官，后来才成为专门的官员。总督人数多达十二人，巡抚多达二十九人。本朝总督巡抚多有合并减省，体例不一，总督巡抚有的并设，有的偏设，并设的不一定治理得好，偏设的也不一定治理得不好。这说明总督、巡抚二者可省其一。大省总督兼巡抚，如直隶等省。小省巡抚兼总督，如山西等省。如果让各个省以布政司为主管，又另设按察司掌刑罚、弹劾事务，而刑罚不外是依照以前的成例，弹劾更久已有名无实，完全可以归并于布政司。还有各道本来是布政使、按察使的辅佐，兵、巡、盐、粮各分为一职，也无非是多馀的。折中的办法，可考虑三四府设置一道员，兼负布政司、按察司下各个道的职责，往上集中于督抚。至于郡县一派，都以各设一副职为限制。这些督抚司道以下的各种官员必须斟酌裁撤。

一是京官。中央政府官员奔走前后，设置品阶以壮观瞻。皇帝的排场当然不能过于简陋，而且从古以来就是这样，应该照旧保存。只是不设东宫太子，哪里还用设置东宫官属。詹事府可以合并于翰林院，以副名实。科道为监察官员，应多而不应少。但现在八十人当中，不敢讲话的人占了大半，有什么用呢？有位无实之臣不如减少一半名额，而允许科甲出身担任中书以上职务的官员以及在外担任司道的官员对皇帝议论政事，大概不只是八十人的效果。言论如有可采之处，固然可以作为拾遗补缺之资；如果没有可采的价值，也不失为了解事务、考查言论的一个办法。其他的闲职机构也应当减掉一半。内务府浪费国库的钱财更多，必须大力减裁（康熙二年裁苑马寺，三十七年裁上林苑）。编检在二十名之外的，各部职官五年内不能补空缺的，一概责令回到原籍充任书院山长。一来可以推广教化，二来也可以表示照顾，这是两全其美的办法。这些京官必须斟酌裁撤。

一是内外武职人员。除王公、将军、都统之外，提督十三人，总兵六十二人，也是大官太多了。又如准部、回部、新疆各处官员也太多。大多数生活优裕，贪图安逸，不事工作。只会吃国粮而不能杀贼。应当无论大官小官都裁减一半。即朝廷内外武职人员必须斟酌裁撤。考查《大清会典》内规定的文武官员一共二万七千多人，编检、庶吉士、侍卫以及准部、回部没有固定编制的，还未计算进去。本朝设置官职相对于古代不算多，然而大官数量之多是汉朝以来从未有过的。国力强盛的时候，财物充裕，从容往来，无形的弊端人们还不觉察。现在，弊端已从隐微发展到显著，不能不大加裁减，节约国库开支倒在其次。

（陈敏辉）

厚养廉议

这篇文章认为，为了使各级官员专心奉公，不贪污受贿，国家必须拿出足够的金钱维持各级官员的生活费用，否则贪污受贿现象不可避免。

《左氏传》曰①："国家之败由官邪也，官之失德宠赂章也。"其今日之谓乎？外官自督抚以至典史②，某缺肥，岁赢若干；某缺瘠，岁赔若干。所谓肥瘠者，皆陋规之属，扬扬然习于人口，恬不为怪，骤闻之几疑官名为市肆之名，吁可叹也。大小京官莫不仰给于外官之别敬、炭敬、冰敬③。其廉者，有所择而受之，不廉者百方罗致，结拜师生兄弟以要之。大抵大官之廉者仅足，不廉者有馀，小官则皆不足。不足则揭债，母十岁三其子，子复为母，十年放简④，数已钜万。债家相随不去，犹冀其清洁自好乎？选人亦然。然则非本性之贪，国

① 《左氏传》：亦称《左传》、《左氏春秋》、《春秋左氏传》，相传是春秋时鲁国左丘明为《春秋》所作的传。记载公元前722年至公元前464年之间的史事，是中国古代史学和文学名著。
② 典史：官名。元始置，明清设置。为知县下掌管缉捕、监狱的属官。
③ 别敬：旧时外官对京官馈送银两。炭敬：旧时外官对京官冬季馈送银两。冰敬：旧时外官在夏季贿赂京官的银两。
④ 放简：即外放和简任。古代京官在规定任期后一般要外放出任地方官或升迁，称放简。

家迫之使之不得不贪也。而犹且设为空虚不用之例律，凡俸禄外丝毫有取，皆坐枉法论赃。以综核名实之法治之，曹局一空矣。朝廷果不知耶，抑知之而故纵耶乎？王道不外人情，士从田间来，寒士居多，虽在一命之微，莫不有父母之养，妻子之赡，宫室、舆马、衣裘、仆从之需，亲戚故旧之赒恤，官愈大则开愈多。外官体统较尊，加以延幕友吏役，费用数倍于京官。大都京官翰林部曹岁需千金，递加之至一品当万金。外官养廉本数较厚，牧令视本数十倍，丞倅以上四、五倍[①]，至督抚二、三倍，皆不可少之数。惟如数以与之，犹有执法营私致于宪典者，斯真贪人矣。于是可设为厉禁，京官取外官一钱，上司取属员一钱，官取所部一钱，杀无赦，夫而后吏治始可讲也。或曰所得毋太多乎？曰圣人之法也。国家司禄，文佚无可考。《王制》、《孟子》犹存其略[②]，以《礼记》疏称[③]：大国卿，禄食二百八十八人。计之大国君，禄食二千八百八十人，三万二千亩入也。次国君，禄食二千四百六十人，二万四千亩入也。小国君，禄食一千四百四十人，一万六千亩之入也。今之州县古小侯也，小侯之禄，殆不啻万金，何赢之有？汉制太守号二千石，实食千二百石，中二千石，实食一千石，视三代已减；唐始薄而终厚；宋给实钱；元初不制禄，世祖时定太师俸一百四十贯，米十五石，行省右丞相俸二百贯，以下有差，禄薄无甚于元者；明初，四品以上俸钞三百贯，后又定正一品米八十七石，以下有差。国朝因明制而增益之，废折米折钞之目。雍正二年，耗羡归公加给养廉[④]。乾隆二年增京官恩俸，法良意美，度越元明，仍不遂复三代之旧也？或曰，另议广汰冗员，人数已少，停漕运，减

① 丞倅：官名，多为佐官之称。清代公牍中简称各府同知为丞，通判为倅。
② 《王制》：《礼记》的篇名，记载上古典章制度。《孟子》：记载战国思想家孟轲言行、思想的书，共七篇。
③ 《礼记》：亦称《小戴记》，或《小戴礼记》，儒家经典之一，秦、汉以前各种礼仪论著的选集。
④ 耗羡：又称羡馀。清代附加税之一，以补偿征税手续费、杂费及保管运输过程中的损耗为名。

河工，所省千百万，已不患不足，况吏治既肃，百弊皆捐，中饱一除，积欠自少，数年之后所得必有踰乎所费者矣。又《文献通考·俸禄下》有职田之目①，列代皆有之。《宋史·职官志》诸路职官皆有职田，所以养廉也。既养廉之名所自始。《日知录》称明初尚存。今议厚给养廉，议筹复职田，县若干亩，绅士征其租，供本州县养廉，次上司，次本籍京官，亦古采地遗意也。

译文

《左氏传》中记载："国家衰败是由于当官的风气不正，官员无德是由于好受贿。"说的正是今天的情况！外官从总督巡抚到典史，某缺为肥缺，每年能赢利多少，某缺是贫缺，每年要赔多少。肥与瘦的标准，皆看陋规（指不正常的需索贿赂等）所得多少。而现在人们口中说得沸沸扬扬，一点都不觉得奇怪。突然听到这些，差点怀疑官员是市场上出卖物品的名称，实在可叹。大小京官无不依赖于外官的别敬、炭敬、冰敬。其中廉洁的官员是有所选择地接受；不廉洁的官员则多方搜刮，通过结拜师生、兄弟等关系向他人索取。大体上清廉的大官，仅足够过日子，不清廉的有盈馀，而小官无论清廉与否都不足。不足就借债。母钱十分年还利息三分，利息又变成母钱，当十年小官，便负债累累，债主跟在后面讨债，不肯离去，难道还能希望当官的洁身自好吗？候选的官员也一样。这样看起来，并不是官员本性贪婪，是国家所发俸禄少，使他们不得不贪。而国家还定下虚设不行的例律，除了俸禄以外而取一丝一毫的钱财，都以贪赃枉法论处。如果真是要用综核名实的办法来一一治罪，那么恐怕官署里就全空了。是朝廷真的不知这种情形，还是明明知道而故意放纵呢？王道不能出乎人情之外，士人来自民间，而且贫寒的居多，即使做最小的官，也

① 职田：亦名"职分田"，北魏至明初按官职品级授给官吏作俸禄的公田。

都要赡养父母妻子，需要住房、车马、衣服、仆从，接济亲戚朋友，官当得越大，开销也越多。外官的体统比较尊严，加上请幕僚，雇差役，费用比京官高出几倍。大概京官在翰林院、各部衙门任职的每年费用需要一千两白银，官递升至一品，每年需万两白银。外官的养廉费本数虽然较多，但实际所需更多，牧令需本数的十倍，丞倅以上四五倍，督抚二三倍，这些都是不能再少的数目。如果如数给他们，仍然有营私枉法，触犯法律的，那才真正是贪官了。这样，才可以设下严格禁令，凡京官取外官一钱，上司取本衙门中属员一钱，上级官府取所辖下级官府一钱，格杀勿论，这样才能够谈得上整肃吏治之事。有人说官员养廉费不是太多了吗？回答说这是圣人所立的原则。国家的俸禄情况，文献散佚无法考证。《王制》篇、《孟子》书中还保存了一些粗略情况。据《礼记》疏称：大国之卿禄食二百八十八人。算来大国之君禄食二千八百八十人，是三万二千亩的收入。次国之君禄食二千四百六十人，乃二万四千亩地的收入。小国之君禄食一千四百四十人，是一万六千亩地的收入。当今的州县相当于古代的小侯，小侯的俸禄，相当于万两银，哪里多呢？汉代制度太守号称二千石，实际食禄一千二百石，中两千石，实际食禄一千石，比照三代俸禄已是减少了；唐朝官员俸禄开始少而后来多；宋朝官员俸禄，给的是现钱；元朝初年没有制定俸禄，元世祖时定太师俸禄一百四十贯，米十五石，行省右丞相俸禄两百贯，以下各级官吏递减，没有一个朝代的俸禄比元代更低了。到了明初，四品以上官员年俸三百贯，后来又制定正一品官员米八十七石，以下各级官员有差别。我朝因袭明制而有增益，废除了把俸禄折成米折成银的办法。雍正二年，耗羡归公给养廉费。乾隆二年，增加京官的恩俸，制度良好用意很美，超过元明二代。为什么不因此恢复三代的旧制度呢？有的说，另有论议广泛裁减冗员，人数已少，停止漕运，减少河工，又节省下千百万银，已经不怕钱不够。何况吏治整顿好了，各种弊病都除去，中饱一除，积欠就自然少了。数年之后，收入必定超过支出了。另外，《文献通考·俸禄下》有职田这一条目，历代都有，《宋史·职官志》记载各职官都有职田，也就是用来养廉的。养廉的名称即是从那时开始的。《日知录》里称明朝初年还有这种做法。现在我们讨论多给养廉费，讨论筹划恢复职官的职田，一县有若干亩田，由绅士征收地租，供给本州县养廉，其次供给本州县衙门的上司，再次给本籍京官养廉，这也是古代采邑的遗意。

（刘剑敏）

丁韪良

丁韪良（1827—1916），美国人，原名马丁。1850年，被派来中国，在宁波传教。第二次鸦片战争时，任美国公使列维康的翻译，参与起草《中美天津条约》。1864年，译《万国公法》。

论各国往来礼节（节录）

本篇节选自《万国公法》。作者主要介绍了西方不同政体国家的典章制度，对当时的统治有借鉴意义。

论礼节缘由

按公法，凡自主之国借用平行之礼，虽国势强弱不一，其权力并无参差，则均有自主之权也。故无论何国应以国体为重，而遇有屈抑、藐视等情，均应一体伸雪，以昭平允。但各国威势不同，国君称号亦异，而其所操之权与所行之礼，亦各有差别。

查古时教皇及日耳曼原有封王之权，而令他国以下礼事之。嗣因不给与情，经各国改立新制，则国君不论称号尊卑俱用平行之礼。

如某国君增其称号，别国是否认之，均听便。一千七百一年，伯郎丁希改称王号①，改国名曰布鲁斯②。除日耳曼皇外，无有认之者，

① 伯郎丁希：即布兰登堡，普鲁士前身。
② 布鲁斯：即普鲁士。

至罗马教皇，逾八十年始认之。日女王撒伯丁，于一千八百三十年登基，年甫三龄，俄、布、奥三国初不认之，逾十八年始认之。又临尔定王于一千八百六十年为义大利王[1]，奥国与日尔曼久未认之。

两国本属平行，而某国愿将其平行之权推让彼国，亦无不可。故此国与彼国愿笃友谊，于礼节之间，偶自推尊[2]，其尊卑典礼，或载明文，或系默许，久遂成例而不可违。

论国君典礼

俄国称帝非自古，也因国势日强，遂称皇帝。此外，有沙利满（唐宪宗时）称帝王、纳波仑（嘉庆年间）称帝[3]，千馀年来，欧洲唯有日耳曼称帝，盖能统诸侯而承罗马古皇之业也。夫泰西视帝事尊于王者，因罗马历代称帝，威震天下，各国钦服耳（中古之君有时不敢称帝，而明谓其国系帝国，以免挟制欺藐等弊，即如法国，在那波仑以前[4]，虽无称帝者，然同国立约时，亦自称皇帝。英国向称皇帝之国，迩来君主又兼称印度皇帝）。现在国君不论称号，俱用平行之礼。其称帝者无格外典礼，况国君典礼非止王者有之，凡诸侯之国与民政之邦亦应一体享受，如海斯（诸侯国）公及瑞士国（民政国）是也（法国那波仑第三登基之初，我皇不呼以兄，而呼之以友）。

其享君礼之国利益有四：

——较他国特尊。

——可派头等公使。

——国君登极，大婚典礼及朝贺之时可带冕旒（惟帝王能冠冕旒，诸侯及民政国主不与焉）。

---

① 义大利：即意大利。

② 偶自：互相之意。

③ 沙利满：即查理曼（742—814），法兰克王国加洛林王朝国王，后称帝。纳波仑：即拿破仑。

④ 那波仑：即拿破仑。

——国君致书彼国之君可用兄弟称号。

论国君尊卑次序

国君位若较尊，其所派公使遇多国使臣会议，使臣应居首位，议立条约，则该使首先画押。若国君相会，其坐位次序亦如是（昔奥京大会议一定彼此画押俱以字母为率，如国名之首字在前，画押亦列在前，如此办理不至复起争端）。

译 文

论礼节缘由

按照国际公法，凡是有自主权的国君彼此都行平等的礼节。即使国家的势力强弱不一，它们的权利并没有大小区别，即都有自主权利。因此，无论什么国家，都应当重视本国的国体，碰到受屈抑、藐视等情况，应该一体申雪，以表现平等公正。但是，各国的威势不同，国君的称号也不同，而他们所掌握的权力以及所施行的礼节也各有差异。

追溯历史，古代的教皇以及日耳曼皇帝原先都享有册封诸侯王的权利，命令其他的国家时要让其施行臣下的礼节。后因关系破裂，经过各国修改制定新的制度，则国君不论称号的尊卑都使用平等的礼节。

如果某个国家的国君，抬高他的称号，其他的国家是否承认，均听其便（1701 年，伯郎丁希改称王号，改国名为布鲁斯。除了日耳曼皇帝外，没有其他国家承认，至于罗马教皇，也经八十年后才正式承认该国。日耳曼女王撒伯丁于 1830 年登基，年方三岁，俄、布、奥三国开始不承认，过了十八年才承认。又有临尔定王在 1860 年改为意大利王，奥国和日耳曼很长时期都不承认该国）。

两个国家本来是平等的，倘其中一国愿将平等的权利推让给另一国家也未尝不可。因这个国家与另一个国家友谊深厚，在相互的礼节往来中，愿意互相推尊，其尊卑关系的礼仪，或载入文书，或是默许，久而久之，就成了历史惯例不可违背了。

论国君典礼

俄国称帝不是自古就有的，也是因为国家势力日渐强大才称帝的。此外，自唐宪宗时期沙利满称帝，嘉庆年间拿破仑称帝，千馀年来，欧洲只有日耳曼称帝，原因是能统领诸侯，并继承古罗马皇帝所开创的业绩。西方各国视皇帝比国王更尊贵，是因为罗马历代称帝，威震天下，各国敬佩服从（中古时候的君主有时不敢称帝，却称他的国家为帝国，以免遭挟持、欺侮和藐视。如法国，在拿破仑以前，虽没有称帝的，但在同各国订约时也自称皇帝。英国一向是称帝的国家，近来它的君主又兼称印度皇帝）。现在的国君不论其称号如何，都用平等的礼节。那些称帝的君主没有特别的典礼，何况国君典礼并非只有称王的人才拥有，凡是诸侯国与民政邦国也应一律享受。如海斯（诸侯国）公和瑞士国（民政国）就是这样（法国拿破仑第三登基之初，我皇不以兄称呼他，而以友称呼他）。

那些享有君主礼节的国家有四个好处：

一、比其他国家更尊贵。

二、可派驻头等公使。

三、国君登基、大婚典礼及朝贺的时候可以戴冕旒（只有帝王有资格戴冕旒，诸侯和民主国都无此资格）。

四、国君写信给另一个国家的君主时可以用兄弟称呼。

论国君尊卑次序

国君的地位如果比较尊贵，他所派出的公使参加各国使臣会议时，公使应居首位，在商议订立条约时，那个公使应首先签字。如果国君相会，其座次也应是这样（以前维也纳会议决定：彼此之间签字应以字母为准，假如该国国名的第一个字母排在前面，那么签字时，该国的顺序也排在前面，这样做，才不至于出现争执）。

（俞如先）

总署，总理各国事务衙门的简称，亦称译署。总署大臣由军机大臣兼领，除专门管理中外一切交涉事务外，还兼理通商、海关、海防、订购军火船舶、借款等。它的成立，是中国近代外交体制的重要变革。

总　署

奏定外国交出中国逃犯章程

在中国近代史上，从第一次鸦片战争起，中国一步步地变成为半殖民地半封建社会。外国侵略者不但侵占中国领土，而且，还在通商口岸建立租界。而这些地方往往成为在逃犯逃匿的场所。为此，总理衙门奏定了该章程。章程指出，凡是逃匿在外国的在逃犯应引渡给中国政府处理，而华人犯罪牵涉外国人或外国人犯罪牵涉华人的则由中国和外国协商处理。这无疑是再次承认外国侵略者在中国享有领事裁判权。

窃查浙、闽等省洋面向多盗䑸①。粤省、香港等处亦不免有人溷迹②。比来洋盗迭劫商船，外国弁兵往往协同捕获，是以滨海各省还有买雇外国轮船缉捕洋面之议。所有外国协获及逃匿洋境一切罪犯，

① 䑸（zōng）：船队。
② 溷迹：混迹之意。

凡系华人，按照条约应交中国处理。惟各项罪犯或系华人犯案，牵涉洋人，或系洋人犯案，牵涉华人，势不能不令外国与闻其事。臣等公同商酌，应请旨饬下沿江、沿海各省督抚，凡系外国交出中国人犯，即由该督抚核其情罪轻重，咨商臣衙门核覆奏明办理。其非外国交出之犯均不在此例。

译　文

查浙江、福建的海上一向海盗猖獗。广东省、香港一带也不免有逃犯混迹其中。近来海盗不断洗劫商船，外国的兵弁常协同捕获。因而，沿海各省还有出钱雇用外国轮船缉捕海盗的提议。所有由外国协助捕获或逃匿藏到外国的一切罪犯，凡是中国人，按照条约，应交给中国处理。只是各种罪犯——有的是华人犯罪牵涉到洋人，有的是洋人犯罪牵涉到华人，不能不让外国过问审理。我等一同商酌，请下旨给沿江、沿海各省督抚，凡是外国交出的中国犯人，则由该督抚审理其情节轻重，行文到我衙门，经复核再奏明处理。那些不是外国交出的犯人不在此例。

（俞如先）

通商口岸关系英人命盗及审断交涉案件委员观察

本文是光绪二年（1876）十一月由总署王大臣发出有关马嘉理案议结中涉外新条款的公文。规定内地各省或通商口岸关系英国人性命的案件，英国大臣照会清政府，并派员前往观审，如认为办案不公，可以逐条辩论。同时申明新条款存档备案，各省应照例执行。

滇案议结条款[①]，曾经本衙门照式刷印，于本年八月间咨行查照在案[②]。查条款内开，凡遇内地各省地方或通商口岸有关系英人命盗案件，议由英国大臣派员前往该处观审[③]，此事应先声叙明白，庶免日后彼此另有一辞。威大臣即将前情备文照会[④]，请由总理衙门照复以将来照办缘由，声明备案。至中国各口审断交涉案件，两国法律既有不同，只能视被告为何国之人，即在何国官员处控告，原告为何国之人，其本国官员只可赴承审官员处观审。倘观审官员以为办理未妥，可以逐细辩论[⑤]，庶保各无向隅[⑥]。各按本国法律审断，即条约第十六款所载："'会同'两字本意以上各情[⑦]，两国官员均应遵守"等语。本衙门于八月间，接准英国威公使照会，以遇有命盗案件，派员观审，按照条款备文照会，请由本衙门照复存案等。因除由本衙门照覆以派员观审一节，自当通行各省照办处，相应咨行查照。

译文

马嘉理案议结的条款，总署曾照本印出，在本年八月咨询查核对照。查究条款的内容，凡是遇到内地各省地方或通商口岸有关系英国人生命的案件，由英国大臣派员前往该处细看详查，这一条应先阐明清楚，以免日后争执。威妥玛即将准备好政府公文，请总署复核作为将来办案凭据，记入档案。至于中国各口岸审理的交涉案件，中英两国的法律不同，只能看被告是哪国公民，就在哪国管辖区控告，原告为哪国公民，他的国家官员只可到承担审判的官员那里观审，如有认

① 滇案：也称"马嘉理案"。英国于1874派出上校柏郎为首的"探险队"企图进入云南，英驻华使馆翻译马嘉理奉命从云南入缅甸迎接。次年初，马嘉理在腾越附近开枪打死中国百姓多人，后被群众所杀。史称"滇案"。

② 咨行：咨商同级机关实行。查照：查核。

③ 观审：细看详查。

④ 威大臣：即英国驻华公使威妥玛。文照：政府公文。

⑤ 逐细：挨着次序。

⑥ 庶：希冀之意。

⑦ 会同：联合，配合。

为办案不妥，可以逐条辩论，确保无偏差。各自按本国的法律条文来审，也就是条约第十六条记载：“‘会同’两字，意指上述情形，两国都应遵守”等话。总署于八月间收到英国威妥玛公使的照会，如果遇上命案，派员细看详查，按照条款准备政府公文，请总署复核存档等。由总署派员复核细看详查这一规定，应当在各省执行处，相应咨行查核。

（陈　波）

丁日昌

丁日昌（1823—1882），字雨生，广东丰顺人。历任知县、盐运使、布政使、巡抚等官。

通饬各属毋许馈送酒席互相宴饮由

这篇公文是丁日昌在1866年任江苏布政使时发布的。他对当时江南地区馈送酒席、大吃大喝的风气至为反感，一定程度上反映了他关心民生的思想。他从节约民财，汲取历史教训的角度出发，提出“从俭养廉”，以期改变吏治风气。现在我们读此公文，仍有不少启发。

为通饬事①，照得三吴，夙称繁富②，向来官场陋习，大率寻欢选胜③，酒食嬉游，而不知福尽灾出，陡来浩劫。古人有言：晏安酖毒④。以今观之，不其信欤？近自兵燹以来⑤，此风渐革，然而酒席尚复迭相馈送，饮宴依然，毕致珍馐⑥，震恐致福之谓何⑦？“夫肉食

① 饬：旧时上级对下级的指示。
② 三吴：一说苏州、常州、湖州为三吴。泛指江南地区。
③ 寻欢选胜：寻找欢乐，游览名胜。
④ 晏安酖毒：好逸恶劳如毒药一样可怕。
⑤ 兵燹（xiǎn）：指太平军占领其地。
⑥ 毕致珍馐：珍馐全都罗致来的意思。此处指宴食全都是珍馐。珍馐：山珍海味。
⑦ 震恐致福：做事时时小心谨慎，会给人带来福气。

者鄙”，曹生所讥[①]，况军前多枵腹而荷戈，百姓皆鹄形而菜色[②]，亲戚故旧之饘粥不充者[③]，更不知凡几。试一设身处地，即珍羞满前[④]，亦觉不忍下咽。且饮宴酬酢[⑤]，迭为宾主，不独沉迷竟日，抑且征逐连间[⑥]，旷官溺职[⑦]，莫此为甚。陶士行云：“大禹圣人，尚惜寸阴；我辈恒人，须惜分阴[⑧]。”现在，民情困苦，饷事艰难，我辈即卧薪尝胆[⑨]，犹恐于催科、抚字未能竭力殚心[⑩]，奈何竟作平原十日之欢也[⑪]？至于酒食馈遗，尤觉无益。烹调不慎，金钱空费于庖人[⑫]；使者频仍[⑬]，赏赐只盈于仆隶。而且色恶臭恶，不洁不鲜，适口既难，尤恐致病。故套虚文，殊属无谓，合行札饬[⑭]。札到，该某即便遵照，转行（移）各属（卡）。嗣后，各宜念稼穑艰难，以俭养廉，勿为饕餮[⑮]。即或以礼肃宾[⑯]，亦只得五簋八碟[⑰]，毋庸过求丰腆[⑱]，并当一

① “肉食者鄙”：意思是说高官厚禄的人眼光短浅。语出《左传·庄公十年》：“肉食者鄙，未能远谋”。曹生：即曹刿，也称曹沫。春秋时鲁国武士。

② 军前：军队前锋：枵（xiāo）腹：饥饿。荷戈：扛着武器。鹄形而菜色：形容身体消瘦，面带菜色。

③ 饘粥：稠的饭叫饘，稀的饭叫粥。

④ 珍羞：山珍海味。

⑤ 酬酢：宾主互相敬酒。主敬客称酬，客还敬称酢。

⑥ 征逐：彼此互相邀请拜访，往来密切的意思。

⑦ 旷官溺职：荒废政务和失职。

⑧ 陶士行：即陶侃，东晋庐江浔阳人，官荆、江两州刺史，谨慎政事，以俭自律。寸阴句：语见《晋书·陶侃传》：“大禹圣者，乃惜寸阴，至于众人，当惜分阴。”阴指日影，分阴寸阴都指极短暂的时间。我辈：同一流的人。恒人：普通人。

⑨ 卧薪尝胆：语见《史记·越王勾践世家》。卧薪：坐卧于柴草之上。尝胆：尝苦胆。用以表现刻苦自励。

⑩ 殚（dān）心：竭尽心思。

⑪ 奈何：怎么。平原十日之欢：应为“十日之饮”。《史记·范雎传》：“秦昭王闻魏齐在平原君所，欲为范雎必报其仇，乃详为好书遗平原君曰：寡人闻君之高义，愿与君为布衣之友，君幸过寡人，寡人愿与君为十日之饮。”此处丁文引“十日之欢”误。后引申为朋友尽情饮酒欢聚。

⑫ 庖人：厨师。

⑬ 频仍：频繁来去。

⑭ 札饬：札，公文。饬，告诫，命令，指示。

⑮ 饕（tāo）餮（tiè）：贪财为饕，贪食为餮。饕餮原指传说中的一种贪食的恶兽。

⑯ 肃宾：对客人表示恭敬。

⑰ 簋（guǐ）：古代的一种食器。

⑱ 丰腆（tiǎn）：丰厚。

体晓谕百姓，崇俭黜奢①。昔天宝之载，公卿贵戚，竟尚奢侈，一盘费中家十人之产。及渔阳鼙鼓②，求一饱而难之。何曾一食万钱③，犹云无下箸处；及中原荆棘，子孙竟无噍类④。可为殷鉴⑤。愿诸君为自身惜福，为国家惜饷，为闾阎惜财⑥。本司与我寅好相为期许者⑦，至远且大，幸毋区区徒为饮食之人也⑧。仍将遵办日期，即日具报⑨。特札。

札五府、州，三十四厅、县（苏、沪两厘局提调）。

译文

为通知事。察知三吴地区，一向以繁华、富裕著称。向来官场的陋规劣习，大多是寻欢览胜，操办酒席，嬉戏游玩，而不知福尽灾生，浩劫突然临头。古人说过：安逸如毒药。以今天情形看来，不是说得很实在吗？近时从兵灾以来，此风逐渐革除。但互相不断馈送酒席的风气还在盛行，仍然饮宴不已，而且全是山珍海味，震恐致福的说法丢到哪里去了呢？“高官厚禄的人都眼光短浅”，这是曹刿所讥讽的。何况现在军中多有士兵饿着肚子扛着武器作战，百姓都形体消瘦，面带菜色，亲戚朋友缺少饭吃，更不知道有多少。你如果设身处地地想一想，就是山珍海味摆在面前，也觉得吃不下去。而且宴会应酬，彼此轮流做客当主人，不但沉迷终日，而且往来应酬，接连数十

① 崇俭黜奢：表扬节俭，贬抑奢侈。
② 渔阳鼙（pí）鼓：渔阳，郡名。唐天宝年间，改苏州为渔阳郡，为今天津市蓟县。鼙鼓，语见白居易《长恨歌》：“渔阳鼙鼓动地来”。鼙鼓，古代军中的一种小鼓。此指安禄山叛唐之事。
③ 何曾（199—278）：字颖孝，陈国阳夏（今河南太康）人。西晋初，任丞相、太傅等官职，生活奢侈，“食日万钱，犹日无下箸处”。
④ 荆棘：战乱后的荒凉景象，此处指西晋的灭亡。噍（jiào）类：此处指活着的人。
⑤ 殷鉴：古代殷人以夏朝灭亡作为借鉴。后泛指历史教训。
⑥ 闾阎：此处指乡里百姓。
⑦ 寅好：同官好友。期许：期望。
⑧ 幸毋：希望不要。区区：小。徒：只。
⑨ 具报：开列报告。

日，荒废政务，玩忽职守，没有比这更严重的了。陶侃说："大禹是圣人，尚且爱惜短暂的时光，我们这样的普通人，必须要更加爱惜时光。"现在，民情困苦，征收粮饷十分艰难，我们这一些人就是以卧薪尝胆的精神做事，恐怕对催缴粮饷、安抚百姓还不能做到全心尽力，怎么能争相作平原十日之欢呢？至于互相馈送酒食，尤其没有好处。烹调不谨慎，金钱白白花费在厨师身上，差使连续不断，赏赐的钱只是装满仆人的腰包。而且，有的食物变色变味，不清洁，不新鲜，既不可口，尤其怕会致病。因此，这些应酬的故套虚文，完全没有价值，应当颁行公文整顿。公文到，应该遵照执行，并转行文于所属。以后，你们都应想到种田的艰难，以节俭来保持廉洁，不要大吃大喝，有如饕餮一般。即使有的是为礼节招待客人，也只能五盘八碟菜肴，不要过于丰厚。并且应当一样布告于百姓，表彰节俭，批评奢侈。以前唐代天宝年间，公卿贵戚，争先崇尚奢侈，一盘菜食就花费去中等人家十人的财产。等到安禄山叛乱，想求得一顿饱饭也难了。西晋人何曾，一餐饭就花去万钱，还说无处下筷子；等到西晋灭亡，子孙竟没有一个活着，可以说是前车之鉴。愿各位为自己珍惜福气，为国家爱惜粮饷，为乡里百姓爱惜财物。本布政使和我的同僚好友互相期望的是很远大的目标，希望不要成为一个小小的"饮食之人"。要把遵照办理的日期，即时报告。特此颁行公文。下达五府、州，三十四厅、县（苏、沪两厘局提调）。（林清荣）

谕诸生留心有用之学

这是丁日昌任苏松道员时给书院生童的一篇文告。他针对当时生童重制艺而轻策论的倾向，强调策论的重要性，指出董仲舒后来"融会天人之际，贯通古今之故"，就是因策论而考取，成为大儒。他尖锐地批评了当时生童对"策论"持敷衍塞责的态度，反映了丁日昌

"崇尚实学"的思想。

谕书院肄业举贡生童等知悉[①]：盖闻三代下取士以策论为最古[②]，汉代贤良对策[③]，董仲舒，公孙宏[④]，登高第[⑤]，称大儒，融会天人之际[⑥]，贯通古今之故[⑦]，达于政体，明于治术，由此其选也。国家功令乡试[⑧]，第三场策论，原与四书文、经文并重[⑨]，无如士子积习相沿，名为空策，视为无足重轻，殊失在上者造就人才之意。本道院课于四书文题外复出策题，原欲各士子本经史为根柢，按时势以立言，一展生平抱负，足觇他日经纶[⑩]。乃阅各课卷，其于八股文固素所诵习，有当行出色之作[⑪]，而策论竟无一篇能深合理法，洞中事机者[⑫]。岂汉《治安》、《贤良策》及韩、欧、苏、王策论诸文，均未见之耶[⑬]？抑无意为此，敷衍塞责而已？大非本道殷殷期望之苦心也。今将策题

① 书院：书院名始于唐代，明清以后成为生徒准备参加科举的场所。举贡生童：这里指准备荐举给国学而成为贡生的生员。

② 策论：策是策问，起源于汉代。考官提出有关经义或政事的问题，要求回答，称为策问。后来成为科举取士中的一种方法。论：议论文。

③ 贤良对策：贤良，即贤良方正，汉文帝时选拔人才的一种科目，标准是能直谏，贤良方正，或具有文才，选中后授以官职。对策：应考考生回答策问，叫对策。

④ 董仲舒：（前179—前104），西汉今文经学家。汉武帝举贤良文学之士，他的对策"天人三策"被采纳，成为大儒。公孙宏：即公孙弘（前200—前121），汉武帝初举贤良对策，他居第一，授博士，得到重用，后又拜相封平津侯。

⑤ 登高第：此处指考生对策优异被擢为高等次。

⑥ 融会：融合一起。天人之际：《春秋繁露·深察名号》记载董仲舒关于天与人之间关系的观点，即"天人之际，合而为一"。认为天与人有感应关系，天是有意志的。

⑦ 贯通：贯穿前后。

⑧ 功令：指科举的考试办法和规定。

⑨ 四书：《大学》、《中庸》、《论语》、《孟子》的合称。

⑩ 经纶：指处理国家大事的才智。

⑪ 当行：内行，精通业务。

⑫ 事机：事情的关键要害。

⑬《治安》：贾谊的《治安策》。《汉书·贾谊传》："因陈治安之策"，即使政治清明的方略。韩：韩愈（768—824），字退之，河南河阳（今河南孟县南）人。唐代文学家、哲学家。为唐宋八大家之首。有《昌黎先生集》。欧：欧阳修（1007—1072），字永叔，号醉翁，江西吉水人。北宋文学家、史学家。有《文忠集》。苏：苏轼（1037—1101），字子瞻，号东坡居士，四川眉山人。北宋文学家、书画家。与父洵、弟辙合称"三苏"。王：王安石（1021—1086），字介甫，江西抚州临川（今抚州市）人。北宋著名政治家、思想家和文学家。神宗时大力推行新法。

文姑取数卷，另出一案，稍有可观[1]，即从优奖，以示鼓励。嗣后，月课四书题文作，如有策题，毋得畏难不作，亦无得任意涂抹[2]。倘仍蹈此习，定不录取。各士子努力自爱，崇尚实学[3]，勉为有用才，本道始终有厚望焉。

译文

通知书院在学的贡生、童生知悉：三代以来，选取士人办法是以策论为最早。汉代实行贤良对策，董钟舒、公孙弘登高第，称为大儒。他们把天与人的关系融为一体，将古与今的变化原因连贯起来考察，通达政治体制，明晓治国之道，因此他们被选取了。国家的科举乡试，第三场是策论，原来就与四书、经文并重，没想到读书人积习相沿，称它为“空策”，视它为无足轻重，完全失去了国家造就人才的本意。本道书院的考课除四书题外，又出策论的题目，原是要各读书人以经史为根基，根据时势来立论，用以展现其平生的抱负，让本道了解他们将来处理国家大事的学识。可是看了各人的试卷，八股文固然是平时所背诵和学习的，有内行出色的作品，而策论竟然找不出一篇能够切合事理法度、深刻了解事物的关键要害的。难道都未阅读过汉代的《治安疏》、《贤良对策》及韩愈、欧阳修、苏东坡、王安石的策论文章吗？还是无意做此策论文章，敷衍塞责而已？完全违背了本道殷切期望于大家的一片苦心。现将策论文章暂且选出几篇，另订一个办法，文章写得稍有可取的，就从优奖赏，以示鼓励。以后，月课四书题外，如有策论题目，不要畏难不做，也不得随意写作、潦草应付。如果再犯此毛病，一定不予录取。各位学子要努力自爱，崇尚实学，勉励自己成为有用之才，本道始终对你们抱着浓厚的期望。

（孟　莉）

---

① 可观：可取之处。
② 涂抹：指不认真、草率。
③ 实学：切合实际的学问。

论立苏省书局疏

1868年，丁日昌任江苏巡抚。这是他在任上给清政府的一篇奏稿。文中强调官吏必须学习业务知识。认为要整隶吏治，必选好地方官吏；要选好地方官吏，必先学“经济致治”之书。他因此奏请将有关吏治、治安、狱讼、农桑、水利、赈荒有关的行政管理书籍以及文字学、经史书广为刊印发行，同时严禁“淫词邪说”。这一奏请得到清政府的批准。

奏为苏省设局开刊书籍，拟刻牧令各书以端吏治而正人心，恭折仰祈圣鉴事。

窃惟国家设官分职，皆以为民，而与民最亲，莫如州、县，得其人则治，失其人则乱，自古为然，于今尤急。溯自军兴以来[①]，州、县中歧途杂出[②]，流品亦至不齐[③]，虽其中固多可造之才，而平日于治民临政之端，曾未谙习体会，一旦身膺民社[④]，茫然无所持循。凡百工技艺皆学而后能，岂有亲民大事，不学而能无谬失者？此循良所以日鲜，而民困所由日深也！夫诸子百家之书，浩如渊海。如理学陈编[⑤]，或虚渺而惮于冥索；若稗志野乘[⑥]，虽悦目而又病支离[⑦]。况士子穷经呫哔[⑧]，即负宏通之誉[⑨]，其益只在一身。若使仕优而学，

① 溯：追寻根源。军兴：指镇压太平天国的战争。
② 杂出：繁多。
③ 流品：品类。
④ 民社：人民与社稷。
⑤ 陈编：前人的书。
⑥ 稗志：杂记琐事、佚闻、风俗的史籍。野乘：野史。
⑦ 支离：分散，这里指零碎。
⑧ 穷经：钻研经书。呫哔：读书出声貌。
⑨ 宏通：才识宏大、广博通达的意思。

默勘得失利弊之源[1]，推而至于一县，则一县受其庇矣；又推而至于一府、一州，则一府、一州受其庇矣。天下者，州、县之所积，州、县若皆得人，盗贼何从而起？故今日欲敦吏治[2]，必先选牧令；欲选牧令[3]，必先使耳濡目染于经济致治之书[4]，然后胸中确有把握，临政不致无所适从。臣视督饬局员，选择牧津牧令，凡有关于吏治之书，都为一编，如言听讼[5]，则分别如何判断，方可得情；言催科，则分别如何惩劝，方免苛敛；胥吏必应如何驾驭[6]，方不受其欺蒙；盗贼必应如何缉捕，方可使之消弭[7]。他如农桑、水利、学校、赈荒诸大政，皆为分门别类，由流溯源，芟节其冗繁[8]，增补其未备。刊刻一竣，即当颁发各属官各一编，俾资程式[9]，虽在中材，亦可知所趋向。譬诸百工亦示以规矩，则运斤操斧[10]，悉中准绳[11]，庶几士习民风[12]，因之起色。至于《小学》为童蒙养正之基[13]，经史为艺苑大成之见，谨当陆续刊成，广为流布，以仰副圣天子造士作人之至意。

抑臣更有请者，目前人心不古，书贾趋利，往往淫词邪说荟萃成编，水浒传奇等书，略识之无[14]，如探秘笈，无知愚民平日便以作乱犯上，最足为人心风俗之尤，臣在吴中业经严禁。诚恐此等离经叛道之书，各省皆有，应请旨敕下各直省督抚，一体严加禁毁，以隐戢人

---

① 默勘：此处指用心推究的意思。
② 敦：此处作“厚”字解。
③ 牧令：指州县一级长官。
④ 耳濡目染：指多听多看受到影响。经济致治：指经世致用。
⑤ 听讼：审判讼事。
⑥ 胥吏：办理文书的小吏。
⑦ 消弭：消除、制止。
⑧ 芟（shān）节：删节。
⑨ 程式：固定的制度或方法。
⑩ 运斤操斧：熟练地挥动斧头工作。
⑪ 准绳：测定物体平直的工具，引申为标准。
⑫ 庶几：也许可以。
⑬ 《小学》：清代，生童入学考试，必考《四书》及《小学》等。宋朱熹编有《小学》一书。
⑭ 略识之无：只认得几个字的意思。

心放纵无所忌惮之萌，似亦维持风化之一端。

所有臣在苏省设立书局先刊牧令各书，并请禁传奇邪说缘由，是否有当？伏祈皇太后、皇上圣鉴训示。谨奏。

译 文

为了江苏省设立书局，刊刻书籍，拟刻州县官员所用各书，以端正吏治而正人心一事，恭谨地呈上奏折，恳请皇上明鉴。

我以为国家设官分职，都是为了百姓，而与百姓关系最密切的莫如州县官员。州县用人得当则治，用人不当则乱，自古就是这样，当今尤其紧要。自从开始与太平军的战争以来，州、县中官吏选拔途径很杂，品类也十分不齐。虽然其中也多有可以造就的人才，而平日对于管理百姓与处理政务各种事情，并不熟悉体会，一旦身负管理人民和国家的重担，茫然无所遵循。凡是各行各业的技艺都是学而后才能掌握，难道管理民政这样的大事不学习就能没有失误吗？这就是好官因此一天天地减少，而民间疾苦一天天加深的缘由。诸子百家之书，浩如烟海。如理学旧编，有的内容空虚玄远而学习者畏惧冥思苦索；它如杂记、野史，虽然阅读起来赏心悦目而又未必尽合大义。何况读书人苦读经书，就可以得到博大通达的声誉，但只是有益于个人修身。如果能使得到好官的人努力学习，用心推敲治民行政得失的原因，推广到一县，就一县受到好处；推广到一府、一州，便一府、一州受到好处了。全国是由州、县总合起来的，州县都得到优秀人才，盗贼从哪里发生呢？因此，今天要使吏治纯良，一定要选好州县长官，要选好州县长官，一定要先让他们经常接受有关经世致用的书，然后心中确有把握，处理政事时便不致无所适从。我现在指示所属人员，选择州县长官，凡是有关吏治的书，总汇成一部书，如有关审判听讼断案的，就分别如何判断，才可以了解情况；有关催缴粮饷方面的，就分别如何惩处和勉励，才能免于苛刻地收敛；小吏必须如何驾驭，才能不受他们欺骗蒙蔽；盗贼必须如何缉捕，才可以使它们消亡。其他如农桑、水利、学校、赈荒各种重大政事，都为之分门别类，追溯它的源流，删节其冗长繁琐的内容，增加补充其没有的内容。刊刻一旦完成，就当颁发各个属官每人一编，以作为参考的章程办法，即使有些官吏只是中等人才，也可以知道行动的方向。就像对各种工匠，给他们一个规矩标准，那么他们挥动斧头去做工，便全都会符合标准。这样也许可以使士人的习气和民间的风气有所起色。至于《小学》本为儿童启蒙培养正道的基础，经学、史学是学问最高成就的表现，会陆续刊成，广为流传推广，以符合英明天子培养和造就人才的深意。

我还有一个请求，目前人心不古，书商求利，往往将淫词邪说汇集成册。《水浒传奇》等书，粗粗识字的人就像探求奇书秘笈一样去读，无知百姓平日便模仿它犯上作乱，最让人为人心风俗担忧。我在吴中已经严禁。实在担心这些离经叛道的书各省都有，应请下旨命令各省总督巡抚，一律严格加以禁止和销毁，以消弭人心放纵和无所顾忌的萌芽，这似乎也是维持风化的一个方面。

所有我在江苏省设立书局先刊刻州县官员所用之书，并请禁传奇邪说的缘由，是否妥当？乞请皇太后、皇上明鉴和训示。此奏。

李鸿章

李鸿章（1823—1901），字少荃，安徽合肥人。清末洋务派和淮军首领。

奸民诱拐人口卖与洋船变通章程

第一次鸦片战争后，随着资本主义势力的进一步侵略，中国奸民同洋人勾结拐卖人口的行为日益严重，纠纷迭起。为此，同治十一年（1872），北洋大臣李鸿章订立了该章程，以打击拐卖人口的行为，安定民心。

本年六月二十并二十六等日，迭据津海关道陈钦、代理天津县知县位尔会禀，拐卖幼童与洋船之民人江桂、鲁二，请严办等事。查臣定例，内地奸民诱拐愚民，雇与洋人承工，其雇之人并非情甘出口，因被拐卖、威逼，致父兄离散者，不论所拐系男、妇、子女；已卖，未卖；曾否上船出洋，但诱拐已成，应拟为首斩决，由督抚提勘，先行正法。今该犯江桂诱拐幼童王狗旺、李二群；鲁二诱拐幼童戴二、郭城，卖与洋船。江桂已将王狗旺送上轮船，嗣经查出，由洋行交回。鲁二亦诱拐已成，且将戴强行鸡奸，尤属凶恶，均饬于讯明后立即正法在案。臣复查天津通商要口切近京师，华洋杂处，自九年五月以后，民间时有浮云。节经严查示禁，仍竟有奸民诱拐幼童，卖与洋船水手之事。若审办稍迟，传闻稍讹，远近易滋惶惑，实于交涉大局关碍匪浅。且闽、广各口屡有贩咕哩出洋[①]，迭经总理衙门与各国驻洋使臣设法商禁。海口到处可通，便恐奸民勾串诱拐，驶赴闽广转卖渔利。该奸民等，或以年长者未易诱卖，遂及幼孩，其年岁太稚，虽未能及时承工，而既被拐卖出洋，实已不堪设想。若不将定例量为变通，不足以安中外，而儆效尤。据该关道会同天津道丁寿昌具详前来，臣覆加以酌核，嗣后遇有诱拐幼童案件，无论是否卖与洋人并所拐幼童能否即将承工，但卖与外来海洋船只，借口做工，果系诱拐已成事实，应照前例分别斩、绞，先行正法。如中国之水手人等勾串贩卖，亦分别首从严办，其情甘出口承工者仍照旧，毫无禁阻。寻常拐卖人口，非卖与海洋船只，仍照常科断。除饬该关道照令各国领事官严禁洋船、水手人等，不准在津买人，一面示禁沙、卫、闽各海船及地方诸色人等一体遵守，并咨总理衙门、刑部查照外，理合恭折具陈。

译文

今年六月二十到二十六日，接连接到天津海关道陈钦及代理天津县知县位尔的报告：要求对诱拐幼童卖给洋船的奸民江桂、鲁二给予严厉的处置。我翻阅了过去的条例，规定：内地奸民欺骗那些无知的人去受雇于洋人，充当苦力，那些受雇的人并非心甘情愿出洋的，只是因为被拐卖或被威逼，导致父母兄弟离散，不论所拐是男子、妇女、男孩、女孩，已卖未卖，曾否上船出洋，只要诱拐事实已经构成，应拟为首斩决，由督抚提审、核实，先行正法。现在犯人江桂诱拐幼童王狗旺、李二群；鲁二诱拐幼童戴二、郭城，卖给洋船。江桂已将王狗旺送上轮船，后经查出由洋行交还。鲁二诱拐也构成事实，

① 咕哩：即苦力，由英语 Cooly 音译而来，指旧社会重体力劳动者。

且将戴二强行鸡奸，尤为凶恶。均明令在审明后，立即正法。我又通过调查了解到，天津口岸靠近京师，华人、洋人交错相处，自同治九年五月教案发生后，社会上传闻很多，以讹传讹。虽经严厉查处、禁止，仍有奸民诱拐幼童卖给洋船水手的事发生。如果审查办理稍迟一些，传闻稍微不真实，远近的百姓容易产生骚动，弄得人心惶惶，实在对外交大事非常不利。况且，福建、广东等地各海口时常发生的贩卖苦力出洋的事情，不断经过总理衙门与各国驻洋使臣协商设法禁止。海口到处可通，担心奸民互相勾结、诱拐，然后运到福建、广东转卖牟利。或因年纪大的不容易被诱卖，奸民于是转而诱卖幼孩，被诱卖的幼孩年龄太小，虽然不能马上参加劳动，但既然被拐出洋，后果不堪设想。若不将法律条文酌情变通，就不能安定中外人士的情绪而儆戒后来效法的人。我对该关道及天津道丁寿昌的呈文反复推敲并核定，如果以后碰上有诱拐幼童的案件，无论是否已经卖给洋人，所拐骗的幼童能否立即承担劳动，只要是卖给外来的海洋船只，即使借口出洋做工，只要确实已构成诱拐事实，审议核定后应根据以前的律例条文，分别给予斩、绞的处置，先行正法。如果中国的水手等勾结串通贩卖幼童，也分别对首犯从犯严加惩办，那些心甘情愿出洋做工的人们仍依照有关规定，丝毫不加以阻止。一般性的拐卖人口，不是卖给海洋船只的案件，依然按照常例的规定处理。除命令该关照会各国的领事官员，严禁他们的船只及水手在天津口岸买人外，一方面晓谕沙、卫及福建的海船和地方上的各行各业的人都应该一律遵守。以上除了上报总理衙门、刑部查照外，理应写成折子详细陈述。

（俞如先）

周懋琦

周懋琦，字子瑜，号韩侯，安徽绩溪人（一说浙江钱塘人）。生卒年月不详。同治十一年（1872）署台湾知府，任台湾兵备道，1876年调任福宁知府。

全台图说

本文记载清乾嘉时期台湾的疆域区划，即一府（台湾府），三厅（淡水、噶玛兰、澎湖），四县（台湾、凤山、嘉义、彰化）。本文还就全台形势，着眼如何更好治理提出了看法，如聚民垦荒、开矿，军队和行政机构的调整，以达到防患外国列强侵略的目的。本文写于同治十一年，周懋琦任台湾兵备道之后。

府治东抵罗汉门①，六十五里，曰“中路”。西抵澎湖，三百二十里。南抵沙马矶②，四百六十里，曰“南路”。北抵鸡笼山③，六百三十四里，曰“北路”。东西广阔四五百里，南北袤延千二三百里④（按：里数较内地弓步里者加长）。

① 府治：明清时知府兼辖数县，知府所在的县叫首县，也称府治。抵：至，到达。
② 沙马矶：地名，在今台湾基隆。
③ 鸡笼山：古山名，即台湾基隆市港口外的基隆屿，因岛形如鸡笼而得名。明人曾以此指今台湾岛北部地区。
④ 袤（mào）延：南北距离的长度。

台湾县东至老农庄①，一百二十里。西至赤嵌城西大港口十里②。南至二层行溪凤山界③，一十三里。北至曾文溪嘉义界④，三十里。广阔百三十里，袤延四十三里。

凤山县东至弥农山麓⑤，七十里。西至旂后港⑥，十五里，南至沙马矶，三百七十里。北至二层行溪台湾界，六十七里。广阔八十五里，袤延四百三十里，距府八百里。

按凤山之南，自瑯琊而东⑦，至卑南觅⑧、秀姑峦以达此境⑨，中多未垦之土，前临大海，中隔生番⑩，往来洋舶遭风礁者，多为番所苦。近议于枋寮分驻文武员弁⑪，设立衙署，以资镇压。然相距太远，声息仍不复通，应于瑯琊添设营讯⑫。或移安平协台防同知分驻于此⑬，或将南路参将改为水师移驻于此⑭，并将其水口堵塞，又将卑南以北各社全行收隶版图，凡可以泊船所在，一律填塞，乃为善策。

---

① 老农庄：地名，在今台湾高雄，老农溪西岸。

② 赤嵌城：在今台南安平。

③ 二层行溪：在台南、高雄二县间，又名二仁溪、二赞溪。源于高雄县中部旗山西侧丘陵，全长共约六十二公里，地当古来南北沿海交通要津，郑成功时，为承天府与南路联系必经之地。

④ 曾文溪：在台湾岛南部。源于阿里山南，西南流经台南以北入台湾海峡，全长一百三十七公里。

⑤ 弥农山：清属凤山县，现在高雄中部，其南部有美浓镇，因此地水源不竭，民以农为业，故称弥农。

⑥ 旂后：在台湾、高雄西部，西临台湾海峡。

⑦ 瑯琊：旧地区名，又名“浪峤”、“南峤”。即今台湾南部的恒春半岛。光绪元年(1875)为加强边备，置恒春县。治所在瑯琊的猴洞山。

⑧ 卑南觅：又名卑南，即今台东市区一带。卑南为高山族语社名音译。清光绪三年(1887)，因居台湾岛东部，故名台东，置台东直隶州于此。

⑨ 秀姑峦：在台湾花莲南部。

⑩ 生番：对台湾原住民的贬称。

⑪ 枋寮：在屏东中部，郑成功治台时属万年县（后改万年州），清康熙二十三年(1684)改属凤山县。东接中央山脉，南临大海，地多平原，河流有北势溪和力里溪。

⑫ 营讯：分驻各省的八旗兵为标，标下设协，协下设营，营下设讯。

⑬ 安平：旧县名。清光绪十三年（1887）改台湾县，治所在今台湾台南市，为台南府治所。二十一年（1895）被日本侵占后改置台南市。

⑭ 参将：清代绿营的统兵官，位次于副将掌管本营军务。清河道总督辖所也有参将，掌管调遣河工、守讯、防险等事务。

嘉义县东至大武峦[①]，三十一里。西至笨港[②]，三十里。南至曾文溪台湾县，七十里。北至虎尾溪彰化县界，四十里。广阔六十一里，袤延一百一十里，距府一百里。

彰化县东至平林庄[③]，七十里。西至鹿港[④]，二十五里。南至虎尾溪嘉义界[⑤]，六十里。北至大甲溪淡水界[⑥]，四十五里。广阔一百里，广袤一百里，距府二百里。

按彰化县东南有水沙连[⑦]，其广袤加倍[⑧]，相度地形[⑨]，今之城池，建于半线保[⑩]，全无堂局[⑪]。城外八卦山[⑫]，凶克特甚[⑬]，未为善也。城池似宜改筑于该县东北之楝东地方[⑭]。距城十五里，周六七十里，有一百八十馀庄，山川脉络交会，后枕炎峰[⑮]，前面堂局开阔，两水分流，左右环抱，极有形势。林镇宜华欲将北路协、县移设于此，并谓其民俗强悍，又多殷富，向来土匪蠢动，多起此乡。亟宜驻重兵以镇压之，官小兵单，反为民所轻视，其说甚允。惟楝东之北，

---

① 大武峦：在今台湾台东县东南部海滨，处临海山地，河流有大武溪等。

② 笨港：古地区名，指今台湾北港溪下游一带，北港为台湾岛上汉族移民最先到达、开拓的地区。北港在澎湖之东南，清代又称笨港，一作蚊港，初年仍为台湾与大陆交通主要港口之一，其后因港口淤塞，海舶遂稀。

③ 平林庄：在台北双溪川上游北侧。

④ 鹿港：在台湾本岛西部，彰化西南，台湾早期与大陆联系的主要港口之一，后因港口淤浅，已衰落，沿海产盐。

⑤ 虎尾溪：在台湾云林南部，西螺溪南，为浊水溪冲积扇上分流之一，西南入海。

⑥ 大甲溪：在台湾本岛西部，源出南湖大山，西流经台中以北入台湾海峡，长一百二十四公里，是台湾省水力资源最丰富的河流。

⑦ 水沙连：地名，彰化县东南部，八卦台地西麓。

⑧ 广袤加倍：指水沙连土地的面积比上述的平林庄大一倍。

⑨ 相度：勘看，测量。

⑩ 半线：地名，既今彰化，在台湾岛西中部，西临台湾海峡，处彰化平原，八卦台地北部、西部。

⑪ 堂局：山上宽阔平坦的地方。

⑫ 八卦山：在彰化县东北部，彰化市东郊，高仅97米，山明水秀，环境幽雅，以如来大佛具有盛名。

⑬ 凶克：不吉利的约束。

⑭ 楝东：地名，即清代台湾彰化县猫雾楝，在县邑东北，分为楝东、楝西二保。

⑮ 炎峰：地名，在台湾苗栗东南部。

疆界略促，宜割淡水所辖之大甲、蓬山以至后垅①，归入该县为界。瓯北赵氏《皇朝武功纪盛》②，谓台湾有当酌砍旧制者，正此类也。至谓彰化县城，宜设于鹿港，而以台湾道及副将驻之。彰化县城不傍山不通水，本非设县之地，若移于鹿港，镇以文武大员，无事则指麾南北③，有事则守海口以通内地，千百年长计也。按县城移建鹿港，时异势殊④，似非确论。彼时沪尾一口⑤，尚未通商。今则情形不同，沪尾较冲于鹿港耳⑥，而谓彰城不得善也。请以台道移驻中路，则与琦议复水师提督八则不相违背。杨镇在元欲于南投地方设一武署，移大营驻此半年，以资弹压。琦按楝东民繁地广，犷桀至多⑦，更须弹压。南投可以缓图，然必文武兼资，有张有弛，乃合机宜。单设一武营于此，亦属非是。

淡水厅东至南山，十里。西至大海，八里。南至大甲溪彰化界，百零五里。北至大鸡笼山⑧，百九五里。由三貂岭转远望坑、噶玛兰界⑨，五十里。广阔十八里，袤延三百五十里，距府三百四十五里。

按淡水厅所辖，四百里而长，自竹堑至艋舺⑩，中距百里；该厅仆仆往来⑪，实难治理。宜将艋舺县丞升为一县⑫，淡水同知降为一县⑬，

---

① 蓬山：地名，在今苗栗中部。后垅：地名。传康熙年间，福建晋江蔡氏迁于此处垦荒。处中港溪、后垅溪、乌眉溪河口冲积平原，地势低平。
② 赵氏：清代诗人赵翼，号瓯北，乾隆进士。
③ 指麾：麾，同“挥”，指挥、号召。
④ 时异势殊：事物的时机和趋势完全不同。
⑤ 沪尾：旧港名。即今台湾淡水港，在淡水河口北岸。
⑥ 较冲：指在地理位置上更为重要。
⑦ 犷桀：凶暴乖戾。
⑧ 大鸡笼山：在彰化县北海中，明末郑成功于其地置安抚司，清康熙废。清末于此置基隆厅。按鸡笼山本台湾北端之地，以山得名。
⑨ 三貂岭：在台北县东北部，基隆河大湾曲东侧，海拔525米。远望坑：地名，在台北县。村南有“虎”字碑，清同治十六年建，为台湾总兵刘明灯经三貂岭巡视宜兰时在草岭古道所书“虎”字刻石处。噶玛兰：厅名。清嘉庆十六年（1811）置，治所在五围（今台湾宜兰），光绪五年（1875）改置宜兰县。
⑩ 竹堑：旧地名，即今台湾新竹。艋舺：旧地名，在今台湾台北市，淡水河沿岸。
⑪ 仆仆：风尘仆仆，形容旅途劳顿。
⑫ 县丞：官名，为县令辅佐。清代县丞为正八品官。
⑬ 同知：官名，明、清定为知府、知州的佐官，分掌督粮、缉捕、海防、水利等事务。

另设台北知府，驻于艋舺、大稻埕一带地方①，专管海防兼司北路后山开垦事宜，方为久计。其地产矿，今难封禁②，小民偷采亦多③，或官为开采，不至弃其利于空虚为得。又沪尾守备④，管辖洋面，上由苏澳下至大甲⑤，七八百里，兵船单薄，断不得力，亦应改为水师副将为宜。

噶玛兰厅东至过岭仔⑥，十五里，西至枕头山后大陂山⑦，十里，南至苏澳，五十里，北至三貂溪、远望坑、淡水界⑧，八十一里。广阔二十五里，袤延一百三十里，距府六百七十一里。

按该厅民极驯顺⑨，讼案稀少⑩。其东南奇来⑪、秀姑峦，风气未开，水有瘴毒⑫，外人至彼饮其水，多腹胀生病。近略有人在外开垦，荒旷尚多，急宜官为经理，否则必为东西人所得也⑬。该厅另有僻径，两日即可达淡水，似宜开辟。

澎湖厅东至阴阳屿⑭，水程三十里，西至西屿⑮，水程三十里，南至八罩溪⑯，水程十里，北至北屿⑰，水程八十里，距府水程三百

---

① 大稻埕：旧地名。在今台北市。
② 封禁：用军事、政治等措施来禁止。
③ 偷采：背着他人开采，采取。
④ 守备：官名，清代绿营统兵官，分领营兵，位在都司之下。
⑤ 苏澳：地名，在台湾本岛东北部，濒临太平洋，台湾东部重要渔港之一。大甲：地名。清代为大甲堡，属苗栗县。
⑥ 过岭仔：地名，在今台湾宜兰北围乡东北部。
⑦ 枕头山：山名，在今台湾宜兰大礁溪南岸。附近有枕头山庄。大陂山：在台东、花莲的界上，台东纵谷东侧，海拔567米。
⑧ 三貂顺：又名双溪川，在台北东部。源于火烧寮东侧山地，东北流为柑脚溪，至双溪汇合自三貂岭下支流牡丹溪。自福隆入海，长约二十七公里。
⑨ 极驯顺：非常乖巧顺从。
⑩ 讼案：诉讼案件。
⑪ 奇来：在今花莲。“奇来”一名始见于《噶玛兰厅志》及《台东州采访册》，为高山族语社名音译。
⑫ 瘴毒：即瘴气。旧指南方山林间湿热蒸郁致人疾病的毒气。
⑬ 东西：此处指“东人”、“西人”。“东人”指日本，“西人”指西方资本主义国家。
⑭ 阴阳屿：在澎湖岛东海域，西北距里正角约四公里，又名查母屿，查某屿。东为澎湖水道，附近多暗礁、岩礁。
⑮ 西屿：又名渔翁岛，在澎湖岛西，中隔澎湖与澎湖岛相望，为澎湖群岛第二大岛。
⑯ 八罩溪：地名。在澎湖岛南部的八罩岛上。
⑰ 北屿：在澎湖群岛北端，又称斗目屿或目屿。附近多暗礁、沙汕，为航海险区。

二十里。

按全台形势，宜于南路移驻一协一厅，北路增设一府二县，方足以资控制。南路则台湾一府，台、凤、嘉三县，台、澎二厅隶之。而安平副将，台防同知移扎瑯㤦，或将南路参将改为水师，隶安平协辖[①]，分驻于此。北路则移彰化县于楝东，而移镇道于北，居中节制。北路改艋舺、竹堑为二县，添设一台北知府隶于鹿港、噶玛兰厅，共为三县二厅。将来埔里六社果能归官经理[②]，即以鹿港厅移驻于内，就近抚治。

水沙连在彰化东南隅，集集铺入山之始，内木栅番界之终[③]，南距府二百二十里，西距彰化八十里、嘉义一百二十里，东北距噶玛兰有三路可通。山后平埔，直长四五百里，北为噶玛兰，中为奇来，南为秀姑峦卑南觅，直接凤山之瑯㤦内山。南北袤延一百三十里，东西广阔约六七十里。

埔、水二社，居沙连之中，陆路入山，南由集集，北由木栅，中间有小路为八圮仙岭[④]，险仄难行[⑤]，故入山多由集集[⑥]，北彰化通沙连之陆路也。水道则有南北清浊二溪，均由万雾大山发源[⑦]，分注在六社社南者，为浊水大溪[⑧]，绕流在六社社北者，为清水大溪[⑨]。

案埔里六社，居全台心腹，为中权扼要之区[⑩]。往昔鹿洲蓝氏有

① 协：清代绿营兵的一级组织，副将所统绿营兵称“协”。
② 埔里：地名，处埔里盆地中心偏南，旧属水沙连厅。光绪十年（1884）中法战争后，福建巡抚刘铭传始设埔里厅。
③ 木栅：地名，在景美溪下游。清属淡水县文山堡。
④ 八圮仙岭：在台中、南投二县界上，海拔2448米，为大甲溪与乌溪的北源北港溪的分水岭。
⑤ 险仄（zè）：艰险阻塞之地。
⑥ 集集：地名。浊水溪中游北岸，山坡多香蕉，为“香蕉之乡”。清嘉庆二十年（1815）郭百年率众迁此垦荒。
⑦ 万雾大山：即今台湾岛中央山脉。
⑧ 浊水大溪：在台湾本岛中部，为台湾最长的河流，流域面积3150平方公里。
⑨ 清水大溪：在花莲南部，为拉库拉库支流。
⑩ 中权：本指主将所在的军，引申为政治中心，犹言中枢。扼要：扼据要冲。

言[1]：辟其地而聚我民，害将自息。翦焉辟焉，正所以少事而非多事；理焉治焉，正所以弭患而非贻患[2]。又云：气运将开[3]，必因其势而利导之。又云：或谓海外不宜辟地聚民，不如委而去之[4]，必有从而取之。又云：利利所在，人所必趋，不归之民，则归之番，不归之番，则归之贼，即使内贼不生，又恐寇自外来，此以见前人深识远虑[5]，卓不可及[6]。前道光年间，疆臣奏请设官抚治，部议未允。查所奏内，谓六社荒地，僻处山隅[7]，距海口甚远，外人断无垂涎之理。又台地所产，俱非异域所珍惜，云云。据今履勘[8]，则大不然。现六社之中，多设立教堂，其意安在！所产樟脑茶矿，亦不可云非可珍惜，又山后奇来、苏澳一带沿海之地，皆可通入六社，谓为距海口甚远，置奇来、苏澳于不理，亦太疏矣[9]。此时不即为患者，各国互相观望，不肯发端，久则必为外人所据；腹心既为所据，沿边海口交午相通[10]，患有不可胜言矣。是故为今日计，不特六社，宜所措意[11]，凡南北沿边海口，如卑南觅、秀姑峦、奇来、苏澳等处，皆急宜防堵者也。防北堵南，气力尚省。奇来即淡彰之背[12]，秀姑峦即台嘉之背[13]，卑南即凤山之背。奇来之地，三倍兰厅，秀姑峦又四倍之。奇来至苏澳又与噶玛兰界大约一百五十里，由秀姑峦而卑来而瑯琊，大略与山前千馀里等，山后大洋有屿，名钓鱼台，可泊巨舟十馀艘。崇

① 蓝氏：蓝鼎元。清漳浦人，号鹿洲，官知县，著有《鹿洲全集》。
② 弭患：停止、消除祸患。贻患：遗留祸患。
③ 气运：气数和运会。此处指风气和机遇。
④ 委而去之：丢弃、听任。
⑤ 深识远虑：形容认识深刻，考虑长远。
⑥ 卓不可及：超过一般，不同于众。
⑦ 山隅：山的角落。
⑧ 履勘：亲临勘察。
⑨ 太疏：太疏忽，不留神。
⑩ 交午：纵横交错。
⑪ 措意：注意、留意。
⑫ 淡彰：即淡水和彰化。
⑬ 台嘉：即台南和嘉义。

爻山下可进三板船①。卑南觅自山到海，广阔五六十里，南北袤延约百馀里。自秀姑峦等境，官能垦辟，可得良田数万甲②，得租赋数万石，可置一县治，与奇来为接壤。近时郡城有小船，私到山后向番贸易者，即卑南觅也。

译文

府治东到罗汉门，65 里，称为“中路”。西至澎湖，320 里。南抵沙马矶，460 里，称为“南路”。北达鸡笼山，634 里，称为“北路”。东西宽四五百里，南北长一千二三百里（按：与内地以弓步计算里数进行比较，要长一些）。

台湾县东到老农庄，120 里。西至赤嵌城西大港口，10 里。南抵二层行溪凤山界，13 里。北达曾文溪嘉义界，30 里。东西宽 130 里，南北长 43 里。

凤山县东到弥农山麓，70 里。西至旂后港，15 里。南抵沙马矶，370 里。北达二层溪台湾界，67 里。东西宽 85 里，南北长 430 里，距离府治 80 里。

在凤山县的南部，从瑯琊向东到卑南觅、秀姑峦一直到北部边境，大多是未开垦的荒地。前面濒临大海，中间是生番居住地，遭受台风袭击和暗礁阻拦的来往外国船舶，大多被生番所困扰。近来考虑在枋寮派驻文武官员，设立衙门官署，用来弹压。但距离太远，音讯不通，应在瑯琊增设营讯，或是调安平协、台防同知分驻于此，或是将南路参将改为水师移驻于此，并将河口堵塞，再将卑南觅以北各社全部收归管理，凡是可以停泊船只的地方，一律堵塞，这才是上策。

嘉义县到大武峦，31 里。西至笨港，30 里。南抵曾文溪台湾县，70 里。北达虎尾溪彰化界，40 里。东西宽 61 里，南北长 110 里，距

① 崇爻（yáo）：地名。在台湾岛阿里山附近。
② 甲：清台湾计量土地面积的单位。一甲约等于十一亩三分一厘。

府治100里。

彰化县东到平林庄，70里。西至鹿港，25里。南抵虎尾溪嘉义界，60里。北达大甲溪淡水界，45里。东西宽100里，南北长100里。距府治两百里。

在彰化县东南部有水沙连，它的面积比上述平林庄大一倍。查看其地形，现在的城建在半线堡，没有宽阔平坦的地方。城外八卦山与它相克，城建于此不是好办法。城好像改建在该县东北的楝东地方比较适宜。离城15里，方圆六七十里，有一百八十多个村庄，山川在此交会，后靠炎峰，前面有宽阔平坦的地方，两条河流左右环抱，很有地形上的优势。林镇军宜华想将北路协、县移到这里，并认为这里民风凶悍，又多富实人家，向来土匪抢劫之事多发生在这里，必须派驻重兵来镇压。如果官小兵少，反被当地百姓所轻视，这种说法令人信服。唯有楝东的北面疆界稍微短些，应将淡水所辖的大甲、蓬山以至后垅归入该县管辖。赵翼在《皇朝武功纪盛》中认为台湾应当考虑修改旧的制度的，正是属于这一类。至于谈到彰化县城设在鹿港比较适宜，而派台湾道台和副将驻扎，认为彰化县城不靠山又不通水路，本来就不是设县城的地点。如果能够移到鹿港，派驻文武官员，和平安定时可以指挥南北，有事端时可以守住海口，以通内地，这是关系千百年的远谋。但我考虑把县城移建鹿港，时间不同，形势也不一样了，似乎不是恰当的论断。那时沪尾口岸还未通商，如今情况不同，沪尾比鹿港更属要冲。而认为彰城没有选择好地势，请将台道移驻中路，这与我回复水师李提督的意见是不相违背的。杨镇军在元想在南投设一武署，将大营移驻这里半年，用来镇压（暴乱）。我认为楝东地广人多，暴民也多，更需镇压。南投可以相对放松一点，但文武必须兼顾，有张有弛，才适合形势，单单设一个武署，也不是好办法。

淡水厅东到南山，10里。西至大海，8里。南抵大甲溪彰化界，105里。北达大鸡笼山，195里。由三貂岭、远望坑一直到噶玛兰界，

50 里。东西宽 18 里，南北长 350 里，距离府治 345 里。

淡水厅所辖有四百多里长，从竹堑到艋舺，中间相距百里，来往路途遥远，实在不好治理。应把艋舺的县丞升为县一级，淡水同知降为县一级，另设台北知府在艋舺、大稻埕一带地方，专门管理海上防务，兼管北路后山开垦荒地的事，这才是长远计划。这地方所有的矿产资源，如今难以禁止开采。老百姓偷偷开采的事例很多，如果官府进行开采，不至于放弃这些利益。再有，沪尾守备管辖海域，上自苏澳下至大甲七八百里，兵船单薄，绝对无法应付，也应改为水师副将。

噶玛兰厅东到过岭仔，15 里。西至枕头山后大陂山，10 里。南抵苏澳，50 里。北达三貂岭、远望坑、淡水界，81 里。东西宽 25 里，南北长 130 里，距府治 671 里。

该厅百姓极为驯顺，诉讼案件很少，它的东南面奇来和秀姑峦，风气还很闭塞。水有瘴毒，外来人喝了这里的水，大多腹胀生病。近来有些人在外头开垦，尚未开垦的荒地仍然很多，应及时由官方经营治理，否则就会被外国人占有。该厅另有一条偏僻的路，两天就可以到达淡水，最好也加以开辟。

澎湖厅东到阴阳屿，水路 30 里。西至西屿，水路 30 里。南抵八罩溪，水路 10 里。北达北屿，水路 80 里。距府治水路 320 里。

从全台形势上看，应在南路移驻一协一厅，在北路增设一府二县，才足够来控制局面。南路有台湾一府，台南、凤山、嘉义三县，台湾、澎湖二厅归它管辖。而把安平副将、台防同知移驻瑯琇。或将南路参将改为水师，归安平协管辖，分别驻扎在这里。北路把彰化县城移到楝东，把镇道移到彰化，居其间进行节度管制。北路改艋舺、竹堑为两个县，增设一台北知府，隶属于鹿港、噶玛兰厅，共为三县两厅。将来埔里六社如能归属官府，由官方管理，就把鹿港厅移到埔里六社内，就近治理。

水沙连在彰化的东南角，从集集铺入山一直到内木栅的界区。南面距府治220里，西面距彰化80里。距嘉义120里，东北距噶玛兰厅，有三条路可以通行。山后面的平埔，有四五百里长，北面是噶玛兰，中间是奇来，南面是秀姑峦、卑南觅，与凤山县的瑯峤相连接。南北长130里，东西宽六七十里。

埔、水二社，居沙连的中间，陆路入山，南面从集集，北面从木栅，中间有小路为八圯仙岭，艰险难行，因而入山多是从集集。这是彰化通往沙连的陆上通道。水路有南北清浊两溪，都发源于万雾大山，流经六社南面的是浊水大溪，流经六社以北的是清水大溪。

埔里六社，居于全台的心腹之地，地处中枢，扼据要冲。以前蓝鹿洲曾说过，开垦荒地、积聚百姓，祸患将自然消失，稳定民情和开垦荒地并举，是安定百姓而不是引致混乱，管理和安抚并举，是消除祸乱而不是遗留祸乱。又说，风气和机会将开，必须顺着它的发展趋势来加以引导。又说，有人认为海外之地不适宜开垦荒地，积聚百姓，不如丢弃不理，必然有人从中获利。又说，有利益的地方，大家必会一拥而上，不归之百姓，就会归之生番，不归之生番，就会归之贼寇。即使内部不生贼寇，外来的贼寇也会出现。从中可见前人深谋远虑，是我们所无法比拟的。在道光年间，边疆大臣上奏请求设立官府加以治理，未得到批准。查一下所奏内容，说六社是荒芜之地，远在山的角落，距海口很远，外国人一定不会打它的主意。又认为台湾的物产都不是外国人所重视的，等等。根据今天的反复校核，情形不是那样。六社之中大多设立教堂，其用意何在？所产的樟脑、茶叶、矿产，也不能说不是外国人所珍惜的。山后奇来、苏澳一带沿海地方，都可以与六社相通，说是距海口太远，置奇来、苏澳于不理，也太疏忽了。现在没有马上产生祸患，是由于各国互相观望，不肯首先发起事端，时间长了，必然被外国占据，腹心之地若被占领，与它沿边港口纵横相通，祸患之大将是说不胜说的。因此为现实考虑，不单单留意大社，凡是南北的沿边港口，如卑南觅、秀姑峦、奇来、苏澳等地方，都应马上设防堵塞。防守阻挡，比较省力。奇来在淡水和彰化的背面，秀姑峦在台南和嘉义的背面，卑南纵贯凤山县。奇来的面积是噶玛兰厅的三倍，秀姑峦又是它的四倍。从奇来到苏澳又和噶玛兰厅接界，大约有一百五十里，从秀姑峦到卑南到瑯琦有千馀里。山后洋面上有岛屿，名钓鱼台，可停泊十馀艘大船，崇爻山下三板船可以进去。卑南觅从山到海，东西宽五六十里，南北长百馀里。从秀姑峦等地方开始，官府如能加以开垦，可得到良田数万甲，租赋数万石收益。可以设置一个县，与奇来接壤。最近郡城有小船私自到山后和生番贸易往来，就是卑南觅这地方。

（陈　波）

李东沅

李东沅，生平不详。

论招工

本文就当时东南沿海一带广东、澳门等地贩卖华人出洋充当苦力现象进行论述。共三方面：(1) 指出贩人的手段和目的，采用骗诱逼迫和勾结官府的办法，名义上是“招工”，实是为谋求暴利。(2) 华工的凄惨遭遇，几无生还可能。还谴责了国外人贩子的罪恶行径。(3) 呼吁政府采取措施制止这种现象。

书曰：“民为邦本，本固邦宁！”故先王行仁政以济贫乏，严法令以禁惰游，所以保我黎民不致流离异域者，意良厚也[1]。频年粤东、澳门有拐诱华人[2]，贩出外洋为人奴仆，名其馆曰“招工”，核其实为图利，粤人称之为“买猪仔”。夫曰“猪”，则等人于畜类，仔者，微贱之称，豢其身而货之，惟利是视，予取予携[3]。复闻猪仔一名载至西洋税银一圆，澳门议事亭番官收费银二圆，而又恐华官灼发其奸[4]，

① 良厚：实在深厚。
② 频年：连续多年。
③ 予取予携：随心所欲，要取就取，要带走就带走。
④ 灼：明白透彻。

于是上下贿蒙，诡计百出。且粤省拐匪先与洋人串通，散诸四方，投人所好，或炫以赀财，或诱以阚赌，一吞其饵，即入牢笼，遂被拘出外洋、不能自主。又或于滨海埔头通衢歧路，突出不意，指为负欠，牵扯入船，官既置若罔闻，绅亦不敢申诉。每年被拐，累万盈千，其中途亡及自寻短见者，不知凡几。即使抵埠，悉充极劳极苦之工，少惰则挞立加，偶病则告假不许，置诸死地难望生还。或谓猪仔落船皆经番官讯问，不愿者立遣回籍，其飘然长往绝无顾虑者，皆属情甘，似非刑驱势迫。不知拐匪奸计百出，贿通上下，即使番官审讯，番属拐党替冒，并非本人一一过堂。释遣回籍之文，敌以欺世，心狠手辣，纵秘术工。且其中不乏富贵之家，单传之子，误罹陷井，望断家乡，一线宗祧于焉中绝，言之酸鼻，闻者伤心。夫贩人出洋，本干例禁，亦为西律不容。昔年有贩阿州黑人为奴者，经英国上下议院集商禁止，出资数十万，悉赎之还，尽行遣释，而严申禁约，弊绝风清[①]，诸国无不称颂其德政。美国南北之战，其始以禁止贩奴而起，后卒设法禁绝，一视同仁。今汕头等处，诡秘难知，而澳门一隅，彰明较著。夫澳门本香山县属，即归洋人管辖，我朝宜申明条约，遣一介往，责西人曰："贩人出洋为奴，实干例禁，各国共知，公法具在。查历年运往外洋之人，皆我赤子，不少富家宦族，墨客寒儒，据生还之华佣述其苦况，几同地狱。然细敷所由，半皆受骗于匪人，非真立有合同，甘心远适。试为平心而论，易地以观，倘以此待贵国之人，其果能乐受否乎？贵国嗣后当饬地方官[②]，留心查察，并禁船主不得私行运往，如敢故违，一经访察，或被告发，船立充公，人即定罪。"如此则理直气壮，洋人自当折服矣[③]。

① 弊绝风清：亦称"风清弊绝"。营私舞弊的事情绝迹，风气良好。弊在此处指贩卖人口之事。

② 饬（chì）：命令、告诫之意。

③ 折服：以理说人，使人信服。

译文

《书经》说："人民是国家的根本，根本巩固国家就安宁。"因而先王推行仁爱政治来解救贫困，严肃法令来禁止懒惰游散，为的是保护百姓不至于背井离乡，这用心实在是够深厚了。多年来广东东部、澳门有拐诱华人，卖到海外充当奴仆的事件，名义上是"招工"，实际上是牟取暴利。广东人称"招工"为"买猪仔"。称作"猪"，即是把人等同牲畜，所谓"仔"，乃低微下贱的称谓。人贩子豢养他们而把他们贩卖，唯利是图，随便从这里把华人贩走。又听说一个"猪仔"运到欧美各国收税银一元，澳门议事亭"番官"收费银两元，因担心中国官员看透揭发他们的丑恶行为，于是上下官员贿赂蒙混，诡计百出。广东人贩子先与外国人串通一气，四处出动，投人所好，或是炫耀钱财，或以赌钱相引诱，一旦上饵，就进入圈套，被拘禁在笼牢中，运到海外，没有半点自由。有的则在海边埠头通道的岔路上，出其不意，硬说他欠人财物，牵扯入船，官员既置之不理，绅士也不敢申诉。每年被拐诱的，成千上万，路途中病死和自杀的，也不知道有多少。即使到了目的地，充当极其劳苦的苦力，稍懈怠就遭鞭打，偶尔生病请假也不允许，被置于死地很难有生还家乡的希望。有人说："猪仔"上船都经外国官员讯问，不愿去的立即遣送回家，漂泊出洋而无顾虑的，都是心甘情愿而不是被刑罚和情势所迫。哪知人贩子奸计百出，贿赂打通上下官员，即使是外国官员审讯，被贩的也是人贩子叫人顶替的，并非本人一一过堂，所谓不愿往者即遣回家的公文是用来蒙蔽世人的眼睛。人贩子心狠手辣，踪迹隐秘，手段巧妙。被拐的其中不乏富贵人家，单传之子，误入陷阱，只好遥望家乡，该家族从此也断子绝孙。谈起来令人酸鼻涕零，听的人感到无限伤心。贩卖人口出洋本是法律禁止的，也是欧美各国的律令所不容许的。以往有贩运非洲黑人为奴隶的，曾经英国上下议院多次商议禁止，出资数十万，全部赎买，遣送归还原地，并严正申明，禁止贩卖。贩卖黑奴之风弊绝，风气良好，各国都称颂英国的德政。美国南北战争，开始是以禁止贩奴引起，后来终于设立法律禁止，对人不分彼此，一样看待。如今汕头等地贩人活动比较隐秘，澳门一带就明目张胆。澳门本是香山县管辖，现归洋人治理。我大清朝也应申明条约，派一官员前往，谴责外国人说："贩卖人出洋为奴，是法律所禁止的，各国都明了，公法上均有记载。查历年被运到海外的，均是我中国百姓，其中不少富家官宦子弟，文人墨客，贫寒儒生。据生还的华人讲述，被卖到海外的痛苦程度如同在地狱受罪一般。然而仔细查其原因，大半都是被人贩诱骗，不是当真订立合同、自愿远行。平心而论，如果这事发生在贵国，那样地对待你们国家的公民，你们能乐意接受吗？贵国以后应当整顿地方官吏，留心观察核查，并禁止船主私自运人到外洋，如敢违反，一旦被查明或是被告发，船即充公，人即定罪。"这样我们便理直气壮，洋人自然心悦诚服。

（陈　波）

论借款洋务扶要

本文论述了对中国借款问题的看法，从国债名称的由来谈到中国借洋款的历史，中国发债券的优势所在，以及借洋款的办法等等。告知当局：虽然中国借洋款吃过亏，但只要凭着自己的好信誉，通过好的银行，运用好的办法，还是可以借到低息洋款的，这在经费紧张之时无疑是非常必要的。

中土向无国债之名，有之自泰西各国。凡兴建大役军务重情，国用不敷，可向民间告贷，动辄千万。或每年仅取子金[1]，或分数年连

① 子金：利息。

本交还，隐寓藏富于民之义。如本国无款可借，则转贷于邻邦，习以为常，殊不之异中国。自同治六年间，左伯相以西征需饷，始借洋款，系沪上银行经理，由八厘至一分五厘利息，将各海关洋款拨抵，分年本利清还。该银行分售中外商人，每股计银百磅，岁纳息银八厘。况其借也，以彼国之磅数折我之两数；其还也，又以我之两数折彼之磅数。暗中折缺吃亏甚多，经手者大获其利。实以军饷紧急，于无可奈何之时，为万不得已之举耳。若英、法、德、美诸国借贷，行息多不过五六厘，而土耳其、波斯等国则因公债过重、行息过多，致利权为他国所挟持，国势浸形贫弱[①]。我中国舆图之富[②]，矿产之饶，关税之盛，远胜泰西。帑藏多而借贷少[③]，不必出八厘重利，即可借得巨款。闻中国之股份借券，中外人争购之，十不得一，每股九十五磅至九十八磅，涨至一百零四磅，珍重收藏。由是观之，中国虽少出子金，仍能应手。从前筹借洋款固由办理不善，利息过多，嗣后即有要需，应向英国劳士斋、乃德博令等银行筹商，自臻妥协。此两行专管各国挪借银钱事业，素有名望，人皆信服。常能以微息而借巨资，他处银行万不能及。且闻洋人详言此事，如中国愿借银一百万两，不过到汇丰、丽如等银行说明所借之数，所给之息，指明某数口关税偿还，本利分作若干结，于若干年内付清云云。银行应允借银，收存文契即将银如数兑交，此向来筹借洋款之局面也。该银行如果巨富，有款可贷，则此种办法尚属可行；无如仅能担承，实非东主[④]。中国即与银行议定，银行即凑集允借之数，出具百两券票一万张，从一号编至万号。而买股者遂察看借银事务虚实，或买一张，或买百张，迨头

① 浸：逐渐。

② 舆图：指疆域。

③ 帑：国库里的钱财。

④ 东主：即"东道主"之简称。《左传·僖公三十年》："若舍郑以为东道主，行李之往来，共（供）其乏困，君亦无所害。"按郑在秦东，可以随时供应秦使的困乏，故称为"东道主"。后泛指主人。

结还款到期，何人之银先收，何人之银后付，不可预知其故。何也？盖券票之软强无定。券票软，则本钱恐缺，人思来还；券票强，则利息依旧，人思久借。爰创拈阄之法[①]，定还债之期，免银行袒护之谤。此等办法虽极公平，然多股之人必受破碎本钱之累。诚以是否收回全数，或收回半数，非到拈阄之日无从预知，断不能料理，于先收回本钱复入股份，大为不便。倘将来再筹借款，须设法补救此失，始易通融。大凡借债于人，必先将不便诸事通盘筹算，稍有妨碍，势必增长利息，备受其亏。欲策万全，厥有二法[②]：一曰立法借银，限定不移之年月，一次全还；一曰按结归款[③]，先于券内载明第一结归还，或第二第三结归还，俾东主得早为料理。且放债者每乐闻：某国借钱建造铁路、电线、开矿、治河一切富国之政，以其出息大而券票强。甚不愿出赀以作耗财之事，尤恶借银于兵，将银钱变作火药、弹丸，散于枪炮之口，不复能返，则债主不但失利，成本将亏，其言深可思也。我国家量入为出本有常经，前时借债外洋，不过剜肉补疮，聊纾眉急[④]，永行停止固属有裨，即偶尔急需而别款可竭力弥缝，仍以不借为上。万一罗掘其穷，司农仰屋而嗟[⑤]，疆臣束手无措，不得不出此下策稍济目前，尤须全局统筹，周详审慎，不必托中国银行经手，辗转图利，须先将从前流弊一洗而空，用昭大信[⑥]。朝廷惟谕饬驻英公使迳向劳士斋、乃德博令等银行熟商，则行息不过五六厘可筹巨款。况中国素来守信，洋人自必乐从。倘专给子金，非特耗财，反令洋人疑中国难以清还，诸事转多棘手矣。

---

① 爰：于是。拈阄：从预先做好记号的纸卷或纸团中，让有关的人各取一个，以决定谁该得到什么东西或该做什么事。
② 厥：其。
③ 结：旧时保证负责的字据。
④ 聊纾：暂且延缓。眉急：火烧眉毛那样的紧急，比喻非常紧急的情况。
⑤ 司农：汉代官名，主管钱粮，又称大司农。清代因户部主管钱粮，故俗称户部尚书为大司农。
⑥ 用：因此。昭：显明，显示。

译文

中国过去从来没有“国债”的名目，有此名目是来自欧美各国。凡是兴建重大的工程或有军务要事，国家财力不够，可以向民间求告借贷，往往一次就借成千上万，或每年仅付利息，或者分作几年连本带息偿还，这种做法寓含有国家贮藏财富于民间的意义。如果本国无钱可借，就转向邻国贷款，这是习以为常的事，与中国没有什么差别。自从同治六年间，左宗棠因为西征需要饷银，开始借贷外款，是由沪上银行办理这件事。利息从八厘至一分五厘，将各海关所收的进口税拨调抵偿，分几年全部偿完本息。该银行将股份分别卖给中外商人，每股计白银一百磅，每年交纳利息银八厘。又加上借的时候，是用他们国家的磅数折为我们的两数；还的时候，又以我们的两数折为他们的磅数，暗中折损吃亏很多，经手的人大得好处。这实在是由于军饷紧急，在无可奈何的情况下所采取的万不得已的做法。考察英、法、德、美各大国的借贷，利息最多不过五六厘，而土耳其、波斯等国则因为公债过重，利息过多，以至财政经济大权被别国所挟制，国势逐渐贫穷衰弱。我们中国幅员辽阔，矿产丰富，关税充裕，远远超过欧美各国，国库充足而借贷少，不必出八厘的高利，就可以借得巨款。听说中国的股份债券，中外人士争相购买，十个人中买到的没有一人，每股九十五磅至九十八磅，涨到一百零四磅，大家都很珍重地收藏。由此看来，中国虽然出的利息低，仍然可以得心应手。从前筹划借贷外款是由于办理不好，利息过高，以后如有需要，应向英国的劳士斋、乃德博令等大银行筹划商议，自然会达成妥当的协议。这两个银行专门管理各国挪借银钱的事务，一向很有名望，人们都很信服。它们常常能以低息贷给巨款，其他地方的银行都绝不能与它相比。而且听洋人详细谈到过此事：如果中国愿意借银一百万两，不过是到汇丰、丽如等银行说明所借的数目，所给的利息，指明哪几个口岸的关税偿还，本钱和利息分作多少阶段，在多少年内付清等等。银行答应借给银两，收存文契后即将银如数支付，这是一向筹划借贷外款的情形。该银行如果很富，有钱供借贷，那么这种办法还算可行。无奈只能承担此事，实际上并不是“东道主”的银行，这种方式就行不通了。中国一与银行商量定了借款，银行便立即凑集所答应的数目，出具一百两的股票一万张，从一号编到一万号，而买股的人便察看借银事务的真假，或者买一张，或者买一百张，等到第一阶段还款的时间到了，谁的银先收，谁的银后付，不能事先知道其缘故。为什么呢？因为股票价值的高低是变化的。如果股票的价值低，那么人们就想着早点还款；如果股票的价值高，那么利息依旧，人们就想着长时间地借出。于是想出抓阄的办法，确定还债的日期，消除银行袒护的谣言。这种办法虽然极为公平，然而拥有多股份的人一定会受破碎本钱的拖累，是因为是否能收回全部数额，或收回一半数额，不到抓阄的那天是无从预先知道的，断断不能加以料理，这对于先收回本钱再加入股份，非常不方便。倘使将来再筹划借款，必须设法补救这种缺失，才容易通融。大凡向人借钱，一定先要通盘考虑各种不便的事情，稍有阻碍，势必导致利息增长，一定会吃亏。想要策划万无一失的办法，共有两个：一是立法借银，限定固定的时间一次还清；一是按阶段还钱，先在借券内写明第一个阶段归还，或第二第三个阶段归还，能使债主早做料理。况且放债的人每每高兴听到：某国借钱建造铁路、电线、开矿、治河等一切使国家富裕的事业，因为他们出的利息高且券票的价值高。很不愿意出钱去做耗费钱财的事，特别厌恶借银两用于军事上，将银钱变作火药、弹丸，散落在枪炮口，不再能收回，债主不但失去利息，连成本也要亏损，这些话是值得深思的。我们国家的财政收支一向很注重量入为出，以前向外洋借债，不过是剜肉补疮，暂且延缓燃眉之急，永远停止这种做法必然是有好处的，即使偶尔急需也可以拿别项钱款来极力弥补，仍然以不借为上。万一收罗挖掘不出来，户部官员只能仰天长叹，封疆大吏也束手无措，那么就不得不出此下策来稍微救济一下目前。尤其需要全局统筹，周密谨慎，不必委托中国银行经手，使中间转手图谋利益，必须先将以前的弊端全部清除干净，以最大限度地表明信用。朝廷只需下令驻英国公使直接向劳士斋、乃德博令等大银行多方商量，那么不过出五六厘的利息就可以借得巨款，何况中国一向守信用，洋人一定乐意听从。若使专门付利息，不但耗费钱财，反而令洋人疑心中国难以偿还本钱，各种事情反而变得棘手难办了。

（阮慧玲）

李钟钰

李钟钰，生平不详。

索逃犯议

本文对英国匿藏包庇在逃犯人的现象予以抨击，作者认为这是由于条约字眼含糊以至犯人逍遥法外，败坏了中国的法纪。提醒政府在即将到来的换约之日，字斟句酌，挽回利权。本文既揭露了当时中国政府滥施刑罚的弊端，也从侧面反映出外国教义的虚伪本质。

泰西公法①，最重匿藏他邦逃人之罚，而待中国不然。中国罪犯逃至他国地域者，务为蔽护，官府百索不得。如去年粤东一犯，逃在香港，又犯西律，监禁狱中，委员往索，多方阻勒，犹曰，於彼亦有案件也。其他之罪大恶极，必不可恕者，一至其地，若无事之人，毫无忌惮。如昔年奉旨严拿之某犯，逃至新加坡，公然戴已革之顶，插身官场，干预公事，此尤无忌惮之至者。所以然者，当中英前届换约之日，未将此条切实更定，至今得以藉口。夫中西文法不同，往往同一语言，轻重互异，立约之时，苟不悉心紬绎②，一字含浑，他日即

① 泰西：犹言极西，旧时用以称西方国家，一般指欧美各国。
② 紬（chōu）绎：引出头绪，引申为阐述。

受牵制。即如中英和约第二十一条载：“中国民人，因犯法逃在香港，或潜住英国船中者，中国官员照会英国官[①]，访查严拿，查明实系罪犯交出”等语，细绎和约原文：“逃在香港”，则出港一步，如南洋各埠，皆不在此约矣，说：“潜住英国船中”，其洋文亦专指在港之英船而言，则出港一步，其他英船亦不在此约矣。当立约之日，以交涉只有香港一地，故如此立言。今也租界日辟，南洋各岛尤为逋逃渊薮[②]，亟宜重定约章，务照泰西公法，一例办理。现届下次换约之期不远，窃以为此事为换约时第一要务。盖邦有常刑，斯有纲纪。使罪犯皆可巧避，则纲纪不振，而天下从此乱矣。余常询诸西土之达时务者曰：“公法既重逃人之例，何以独收中国犯人，岂非显悖公法耶？抑真外中国于公法耶？”曰：“非也，泰西重公法，尤重教，吾教以仁慈为主，彼犯人者，求生而来，若捕而送之，是速其死矣，为教主所不忍。”曰：“然则西国犯人，何以互交？”曰：“中西律例，轻重不同，刑法各异。而西国人命重案，只有监禁，而牢狱亦洁净。中国一入狱，备受苦楚，无论绞斩极刑，即审案时，每至血肉交飞，哀惨难状，皆为吾教不忍。昔年香港曾交一犯至粤，后有教士某在法场亲观凌迟之惨，上告教王，教王恻然，爰登新闻纸，引为深戒。”

译文

欧美各国的法纪，最重视对匿藏别国在逃犯人的处罚，对待中国可不同了。中国罪犯逃到别国管辖地区，务必给予隐藏保护起来，官方百般索要，始终不给。如去年粤东一个罪犯，逃到香港后又触犯外国法律，被囚禁狱中，中方官员前往索要，他们多方阻挠，还说在他们那里也有犯罪行为。其他罪大恶极不可饶恕的人，一到该地，像没事人一样，毫无忌惮。如去年奉旨捉拿一个犯人，这人逃到新加坡，

---

① 照会：国家间外交往来比较常用的一种文书。
② 渊薮：鱼和兽类聚居的地方。比喻人或物类聚居的处所。

公然戴上已被革职的官帽，插手官场，干预公事，这更是肆无忌惮到了极点。之所以如此，当是中英双方前一届互换条约之时，未将此条确切更定，使英方能够找到借口。中西语言习惯不同，往往是同一句话，轻重之意却不一样。订立条约的时候，如不细心琢磨，一字含糊，日后就受到牵制。如中英和约第二十一条载："中国百姓因犯法逃在香港，或潜入英国船中，中国官员照会英国官员，严密查访捉拿，查明实是罪犯，立即交出"等语，仔细思考和约原文："逃在香港"，那么出港一步，如南洋各口岸，就都不在条约规定的范围内了，又说："潜在英国船中"，洋文也专指在香港的英国船只而言，那么出港一步，其他英国船只就不在条约范围之内了。当日立约的时候，只有香港一个地方，因而如此立约。现在租界不断开辟，南洋各岛尤其是逃犯的聚集地，极需重定章程条约，务必依照欧美各国的法纪，一样办理。现离下届换约的日期不远，我私下认为此事是换约时第一重要的事情。国家有刑法律令，才有纲纪。如果让罪犯都可以逃避法纲，纲纪不存，国家从此就不会安宁了。我常就这事询问识时务的西方人士说："公法既然惩罚在逃之犯，为何唯独收留中国犯人，岂不是明显与公法相违背？还是真把中国置于公法之外呢？"回答说："不是这样。欧美各国重视公法，更注重教义，我教以仁慈为主，你方犯人，为了求生到这里来，倘若逮捕并遣返，不正是加快他的死亡吗？这是教主所不忍心做的。"又问道："那么，欧美各国的犯人，为何互相交换？"答说："中国与西方的法律轻重不同，刑法互异。西方的人命大案，只有监禁，而且牢狱也干净。中国犯人，一入狱中，备受苦楚，绞死斩首这类极刑不用说，就是审理案件时，也往往弄得血肉横飞，哀号惨状，难以言喻，这都是我教不忍心的。去年香港交回一犯人到广东，后有教士某人在执法场，亲眼目睹凌迟处死的惨状，上告教王，教王非常悲伤怜悯，于是将此事见诸新闻报纸，引以为戒。"

（陈　波）

左宗棠

左宗棠（1812—1885），湘军将领之一，洋务派的代表人物。曾镇压过太平天国革命。1878年收复新疆，粉碎了俄、英帝国主义分割新疆的阴谋。左宗棠收复了新疆后，为抑制帝国主义侵略的野心，多次陈奏将新疆建为行省，以巩固边防。

复陈新疆情形疏

这篇奏疏是左宗棠对朝廷有关建省问题的复奏，文中说明了新疆建行省的必要性和军费筹集的艰巨性。

窃臣于十月十三日，承准军机大臣字寄①，光绪四年九月三十日钦奉上谕一道，跪聆之馀，敬悉皇太后、皇上保大定功②，慎终如始，审时度势，策及万全至意，敢不毕献其愚，仰俟圣明采酌。

伏读谕旨："伊犁在昔为西路第一重镇，俄人交还以后如何防守？未交以前如何布置？伊犁九城纵横相联，大城西、南、北三面旧有卡

① 字寄：即"廷寄"，清代制度，朝廷给地方高级官员的谕旨不由内阁明寄，而由军机处密封交兵部捷报处寄往各省。

② 保大定功：保全大局，建立功业。

伦，距俄境若干道路？俄军扎至何处？金顺现驻库尔喀喇乌苏[①]，前队西至何处？”臣谨按：俄人自据伊犁，于西面旧有拱宸、瞻德、广仁、塔勒奇四城，均弃而弗守，倾圮殆尽[②]。绥定一城[③]，近以之杂置陕回，距伊犁仅三十里。伊犁大城，人烟甚少，俄兵及商户均萃居东面惠宁、熙春，宁远三城，而金顶寺烟户尤多。伊犁管事俄官名马依尔，品秩不过中国同知、通判之类[④]。主伊犁之事者，七河巡抚也[⑤]。七河一作七水，其官为固必纳土耳[⑥]，其名为喀尔帕科斯克依[⑦]，所驻阿尔玛图[⑧]，地属俄境，在伊犁西八百馀里。其兼辖之官，名图尔齐斯坦总督[⑨]，名为克复满[⑩]，亦呼高伏满，自称俄国大臣，驻浩罕故都塔什干城，距我喀什噶尔不过数十程。由喀什噶尔至俄边纳林河[⑪]，中隔俄属布鲁特部[⑫]，喀城马行六日可至。从前伊犁本不与俄境相连，以哈萨克布鲁特种人与浩罕所部安集延及布噶尔所属[⑬]，为之隔阂。近年俄人先后胁诱哈萨克布鲁特种人，又攻夺浩罕三部，据其都城，而浩罕属安集延亦随风而靡，故我北路伊犁，南路喀什噶尔之边境，皆与俄属相接，距俄境亦近也。伊犁收还以后，应于边境择要筑垒开壕，安设大小炮位，挑劲兵以增其险。至伊犁大城西北之

---

① 金顺：满洲镶蓝旗人，字和甫。曾参加镇压太平军、陕甘回民反清斗争。后任帮办新疆军务，讨伐阿古柏。官至伊犁将军。库尔喀喇乌苏：今新疆乌苏县。

② 倾圮：倾塌、毁坏。

③ 绥定：旧城，县名。清乾隆二十七年（1762）筑城于乌哈尔里克，为伊犁九城之一。

④ 同知、通判：均为知府佐官。分管粮盐、缉捕、江海防务及水利等事务。同知品秩略高于通判。清代又在新开发地区设厅一级行政区，隶属于省知府，以同知、通判为行政长官。

⑤ 七河巡抚：即七河省长。沙皇政府借《中俄勘分西北界约记》侵占的巴尔喀什湖以东、以南地区，建立七河省。

⑥ 固必纳土耳：俄之省长（帝俄时代）的音译。

⑦ 喀尔帕科斯克依：当时沙俄七河省省长。

⑧ 阿尔玛图：即阿拉木图。

⑨ 图尔齐斯坦总督：即土耳其斯坦总督。1867年，沙俄把中亚所占土地合并，设七河省和锡尔河省，由土耳其斯坦总督管辖。

⑩ 克复满：即考夫曼，俄国人，土耳其斯坦总督。

⑪ 纳林河：锡尔河上游。

⑫ 布鲁特：族名。分东西两部，东部主要在天山北麓，西部主要在今新疆喀什西北。

⑬ 安集延：今乌兹别克斯坦费尔干纳盆地东南部城市。

塔勒奇、广仁、瞻德、拱宸各城，户口鲜存，水草却便，应各择要隘，暂驻各营，分屯其间。所有旗、绿各营，剩存兵丁，各给牛种牲畜，暂令游牧耕垦。旧有城堡缓议修复，尚非不可。大城以东惠宁、熙春、宁远各城，民户、商户愿迁徙者迁徙，愿归业者归业。边圉既奠①，人安其土，耕其野，而出其途者不待招徕，迥非甘肃从前东路西路数百千里蒿莱满望，杳无人烟，难于措置可比。若乌鲁木齐所属各城，相距甚远，难于照料。此伊犁收还以后情形也。伊犁未还之前，金顺大军驻库尔哈喇乌苏，其西精河地方②，势处要隘，向驻马队以资扼截。自福珠哩归后③，金顺未及派扎镇防，致被汉回侵掠，金顺旋派马队二百前往镇防，当可无虞。由精河西行一日，为永集湖，再西数十里即伊犁俄官之所设头卡，三日即抵伊犁，中间山径五道可达伊犁，不由惠宁、熙春、宁远三城经过。然岩谷幽邃，仅容一人一骑行走，不能通车。若收还伊犁，则驿道山径皆成腹地。此形势变迁，俄人现在布置官军防守及距伊犁道里远近之大略也。

谕旨："郡县之制，以民为本，现由嘉峪关、乌鲁木齐至库尔喀喇乌苏迤西，商户回户各存若干？由吐鲁番至南八城缠头共存若干？除旧有各厅州县外，其馀各城改设行省究竟合宜与否？倘置郡县有无可治之民？不设行省此外有无良策？"臣谨按：新疆之变，起于北路；迪化失守④，所属相继沦陷，户口伤亡最多，汉民被祸尤酷，以逆回仇视汉民故也。比大军进剿，连拔坚城，而昌吉、呼图壁、绥来回民又因是畏剿逃奔⑤，南路烟户顿减。克复以来，还定安集，招徕开垦，户口渐增，迪化州各属，尤成效可观。旧额民户共四千二百有奇，现

---

① 边圉：边疆。
② 精河：在新疆维吾尔自治区博尔塔拉蒙古自治州东部。
③ 福珠哩：广州副都统。光绪三年（1877），协助平息新疆阿古柏伪政权。
④ 迪化：今新疆维吾尔自治区乌鲁木齐市。
⑤ 昌吉：在今新疆维吾尔自治区昌吉回族自治州西部。呼图壁：今新疆维吾尔自治区呼图壁县。绥来：在今新疆玛纳斯县。

报承垦者已三千六百馀户。昌吉县民户旧共三千九百有奇，现报承垦者仅四百数十户；阜康县民户旧有三千九十馀，现报承垦者仅二千一十馀户；绥来县民户旧有三千七百馀，现报承垦者八百五十馀户；奇台县旧有民户四千三百六十有奇[①]，现报承垦者五百七十馀户；济木萨县丞所属旧有民户二千八百有奇，现报承垦者三千五十馀户；呼图壁巡检所属旧有民户一千七百三十有奇，现报承垦者二百八十馀户；库尔喀喇乌苏旧有民户仅八十有奇，现报承垦者尚数十户；精河旧有民户四十有奇，现报承垦者一百馀户；镇西厅户口无考，旧种地六万亩，现报民垦三万六千馀亩，兵垦四千馀亩，土客渐增。此北路民户现存实数也。久罹兵燹[②]，户口凋耗，无怪其然。镇迪一道所属，虽孑黎仅存[③]，频年给耕牛种籽，酌发赈粮，广示招徕。自木垒河抵精河，除戈壁外又均是腴区，土客民人及遣散勇丁，领地耕垦逐渐增加。署镇迪道周崇传，百堵皆兴[④]。即以目前论之，亦非无可治之民也。吐鲁番旧隶镇迪道，荒地尚少，现委道员雷声远，署同知奎拔，妥为抚辑，粮石租税已逾旧额之半。南八城除英吉沙尔壤地偏小，乌什土性瘠薄，馀均较吐鲁番为饶，而喀什噶尔、和阗、叶尔羌、阿克苏，庶而兼富，物产丰盈，又较各城为盛。刘锦棠、张曜悉心经理[⑤]，现委员又开河引渠，清丈地亩，修筑城堡塘站，铸钱征厘，百废肇兴，具有端绪，较之北路尤易为功。是南北开设行省，天时人事均有可乘之机。失今不图，未免可惜，此新疆之应改行省者之一也。北路得之准部，南路得之回部，皆因俗施治，未能与内地一道同风，久已

---

① 奇台县：今新疆奇台县，故治在今县治九十里处。
② 久罹兵燹：罹，遭受。兵燹：因战争而造成的焚烧破坏等灾害。
③ 孑黎：《诗经·大雅·云汉》，"周馀黎民，靡有孑遗。"孑黎即用其意，指馀民。
④ 百堵：指许多建筑物。堵，墙。
⑤ 刘锦棠：字毅斋，湖南湘乡人。同治年间，随左宗棠镇压陕甘回民起义。光绪二年指挥老湘军收复新疆，后任新疆首任巡抚。张曜：字朗斋，直隶大兴人。自咸丰至光绪年间先后参加镇压捻军、陕甘回军及收复新疆的活动。由提督改山东巡抚，死于任上。

概为边地。伊犁设将军，又设参赞大臣一员；乌鲁木齐设都统，塔尔巴哈台、叶尔羌均设办事大臣。伊犁等处设领队大臣五员，塔尔巴哈台、乌鲁木齐、库尔喀喇乌苏、古城巴里坤、吐鲁番、乌什、英吉沙尔均设领队大臣，哈密设办事大臣一员，协办事大臣一员，叶尔羌设兼管和阗事务协办大臣一员，乌什设帮办大臣一员，喀什噶尔设换防总兵一员，是边地腹地皆一律视之，无甚区别，与经野驭边之义不符①。将军、都统与参赞、办事大臣，协办与领队大臣，职分等夷，或皆出自禁闼②，或久握兵符③。民隐未能周知④，吏事素少历练，一旦持节临边，各不相下，稽察督责，有所难行。地周二万里，治兵之官多，治民之官少，而望政教旁敷⑤，远民被泽⑥，不亦难哉。北路粮员但管征收，而承催则责之头目；南路征收，均由回目阿奇木伯克等交官⑦。官员隔绝，民之畏官不如其畏所管头目。官之不肖者狎玩其民⑧，辄以犬羊视之；凡有征索，头目人等辄以官意传取，倚势作威。民之怨官，不如怨所管头目也。内地征收常制，地丁合而为一，按亩出赋，故无无赋之地，亦无无地之赋。新疆则按丁索赋，富户丁少，赋役或轻；贫户丁多，则赋役反重。事理失平，莫甚于此。货币之制，子母不能相权⑨；争讼之事，曲直不能径达。官与民语言不通，文字不晓，全恃通事居间传述，颠倒混淆时所不免，此非官与民亲。渐通其情实，去其壅蔽⑩，广置义塾，先教以汉文，使其略识字义。征收所用券票，其户民数目，汉文居中，旁行兼注回字，令户民易

① 经野：经野即管理疆域。经，经营。野，界限。
② 禁闼：犹禁中。古时帝王所居之处，防卫禁严，非侍御亲信大臣不得妄入，故称“禁闼”。
③ 兵符：古代调兵遣将的符节。
④ 民隐：“隐”是“痛”意。《国语·周语》：“勤恤民隐。”“民隐”即指民间疾苦。
⑤ 旁敷：“旁”字有广、遍之意。“旁敷”即广布之意。
⑥ 被泽：得到恩惠。
⑦ 阿奇木伯克：“伯克”是旧时新疆维吾尔族特有的官员，以阿奇木伯克为长官。
⑧ 狎玩：指随意摆布。狎，亲近而态度不庄重。
⑨ 子母：古代称钱币重的为“母”，轻的为“子”。相权：互相衡量。
⑩ 壅蔽：闭塞。

晓，遇有舛误即予随时更正①。责成各厅州县，而道府察之，则纲目具而事易举。头目人等之权杀，官司之令行，民之情伪易知②，政事之修废易见，长治久安之效实基于此。此新疆之应改行省者二也。夫立国有疆，古今通义，传曰："天子有道，守在四夷。"③周秦以前，姑弗具论，自汉以来，通道始于张骞，不能得月氏要领，求马④，继以广利⑤，不能下小国坚城。汉于西域，穷天下之力以务之，卒有轮台之悔⑥，故班固以为得之无益，弃之不为损也。今主弃地之说者祖之。臣愚非不谓然，顾龂龂于兵不可停、地不可弃者⑦，盖以地形无今昔之殊，而建置则有因创之异。穷则通久，因时制宜，事固有不容已者。谨按：新疆开拓，肇自高宗时，移凉州、西安、热河满兵，延安、绥德、宁夏、兴安、汉中、西宁、固原、肃州、河州、安西绿营兵丁驻守。南北两路饷不外增，各城养廉经费⑧，则以京口、杭州等处出旗汉军俸饷、口粮、马干及甘肃等处所减草料充之。计内地每岁节省之数共一百二十九万两有奇，而划抵新疆养廉经费一百零七万八千四百馀两外，尚馀银二十一万一千五百馀两，不特无糜饷之虞，且有节饷之实。论者窃以耗中事西疑之，于圣意拓边节饷固无当也。臣自度陇以来，即留心稽考甘肃、新疆饷数，佥称承平时每岁约银五百

---

① 舛误：错误，差错。
② 情伪：即真伪。引申为情实之意。
③ "天子有道，守在四夷"：出自《左传》昭公二十三年言："古者天子守在四夷。"意思是说：政治清明，就可以使周边少数民族为边境守臣。
④ 求马：汉武帝喜欢大宛的马，派使者用重金去换马，不想大宛杀了汉使，夺走财物。汉武帝因此派李广利将军讨伐大宛。
⑤ 广利：即李广利（？—前88），西汉中山（治今河北定县）人。武帝时，为贰师将军，率军越过葱岭攻破大宛，取得善马三千馀匹。后出击匈奴，兵败投降，不久为匈奴所杀。
⑥ 轮台：古地名。在今新疆轮台东南。本伦头国（一作轮台国），汉武帝时为李广利所灭。置使者校尉，屯田于此，后并于龟兹。武帝晚年颁发《轮台罪己诏》，就是因弃轮台之地，而下哀痛之诏。"轮台之悔"即指此事。
⑦ 龂（yín）龂：形容争辩的样子。
⑧ 养廉：官吏于常俸之外，规定按职务等级每年另发银钱，号为养廉银。雍正以后，其数额亦有固定，与正俸无异。

馀万两；自变乱以来，册籍散佚，难以覆控，请部钞示成案，亦无以应。近据藩司崇保详称：查得道光二十七年，甘肃口内外驻防满州、蒙古旗、绿营官兵，应需俸饷红白赏恤等项银四百一十五万二千三百五十两三钱九分九厘四丝一忽，内先一年预拨银一百四十万两，外银二百七十五万二千三百五十两三钱九分九厘四丝一忽，由部臣照依估拨预拨完数。以此准之，甘肃新疆实饷五百馀万之数，虽无可考，则一岁之中预拨，正拨四百一十五万有奇，则有数可稽也。臣窃度南北两路如行清丈之法，就亩征赋，仿什一之制，而从宽定额，民收十数分，官征其一以给军食，尚可有馀。修渠浚流，以备旱潦；改铸制钱，以便民用；设局征厘，以裕课税；创设义塾，教之识字；选调匠师，教之艺事。自季春至今，次第经理，甫有端绪，容俟各处缄牍取齐，即行具奏。此外，南北两路物产，尚有药材皮张，吐鲁番之棉花，和阗之玉，库车之金铜铅铁，均应设筹及之，是新疆利源非无可开也。甘肃地处边陲，土旷人稀，瘠苦甲于天下。承平时钱粮征收，不及东南一郡，此其明征。乱后孑黎，皮骨仅存，气息仅属。虽频年拊循休养[①]，渐有起色，究之致力多而成功少者，时地实有以限之。通省旧设额兵太多，全恃各省协款接济。自中原军兴，各省未能兼顾，于是回祸起，新疆沦陷，甘肃全省名虽仅存，实则亡矣。幸值圣明在上，洞瞩无遗，移东南之馀财，救西北之奇厄[②]，亲贤夹辅，内外一心，先关内而后关外，次第图之，乃有今日，不可谓非幸也。此时所当亟筹者，善后之策；善后之策，当规久远，利钝所系，非仅一时。以甘肃与新疆并论，新疆利源可开，流亦可节；甘肃则开源为难，而节流尚有可议。从前额兵之多者，一则辖疆与蒙部，回番难处，兵少恐启戎心；一则新疆需由内地拨兵换防，兵少难敷调派也。

① 拊循：亦作“抚循”。安抚，抚慰。
② 奇厄：出奇的困苦。

若以现在局势而言，蒙部、回番已就钤束[1]，防营可以渐减。前奏改行饷为坐饷[2]，图节勇饷，为复甘肃制兵之渐。新疆南北如置行省，换防之制可以永停。又拟节制兵饷，以纾各省协款之力也。窃计甘肃、新疆承平时预拨、估拨饷银四百数十万两，俟伊犁收还，每岁约可节省百数十万两。后此利源日增，饷更可减，部臣可随时察酌，而任甘肃、新疆之事者，可随时陈奏，特恐非微臣所及见耳。此统筹甘肃、新疆节省饷需，以规久远之大略也。

谕旨："宜于万难措施之中求一可进可退之计。"臣愚窃以为新疆岁需饷银二百数十万两，甘肃岁需饷银二百数十万两，本是承平时部臣预拨估拨常例，兹当全陇澄清，西域收复之时，照常指拨，于部章并无不合，承拨各省当亦无词。况承平时应拨数目内，又可节省百馀万两。此后经理得宜，节省或尚不止此，实于国家经出之费不无小补，当亦部臣与疆圻诸臣所乐闻也。臣于新疆拟办各事，皆以利民、裕国为主，行省之改与否尚未奏奉明旨。而所筹者，无论改省与否两不相妨，可行则行，可止则止，进退尚属绰然。过蒙圣明矜谅，示以转圜之机，若不披沥直陈[3]，上纾慈念，更何以自处？至愚衷有未尽者，不得不及时陈明，仰祈垂察！臣军积欠之饷本八百馀万两，频年陆续清厘，截至光绪四年尚欠一百数十万两。近因饬道员胡光墉息借商款迟迟未到，刘典向兰州票号借银四万两[4]，又饬后路粮台道员王加敏息借汉商银四十万两，驻陕军需局陕安道沈应奎息借票号银二十万两，暂应军需。合之关内外新欠饷项及遣撤勇饷，又积至二百数十万两。将来胡光墉解到息借巨款，除还陕鄂息借各款，点缀新旧欠饷外，所馀无几。纵极力划留，以备光绪五年应用之需，夏末秋初，又

① 钤束：即管束之意。
② 行饷：向行商征收的军饷。往来各地贩卖商品的商人称行商。坐饷：向坐商征收的军饷。有固定资本、行号及地址的商人叫坐商。
③ 披沥：沥，水往下滴。"披沥"即"披肝沥胆"，竭尽忠言的意思。
④ 票号：办理存款和汇兑业务的旧式金融机构。

将告罄。前奉谕旨："嗣后无论何项急需，不得动辄息借商款，致贻后累。"敢不懔遵。惟念甘肃新疆军务，臣既未尝划留请饷，而一切经费又未尝另款请销，如果此次借用商款外，各省协饷均能源源接济，臣犹可通挪展转，以期兼顾，更何敢动辄息借商款，干渎宸聪①？无如各省疆臣，身在事外，但见西事速了，此后需用或可稍纾。而频年悉索以供，未免因烦生厌，频催罔应，本属人情之常，而臣则势逼于此，莫展一筹，将有束手待毙之日。可否仰恳天恩，饬下军机大臣六部九卿公同集议，将甘肃、新疆从前每年预拨估拨的饷四百数十万两，指省解济臣军，并于现协臣军稍优各省，酌拨解济，其足成五百万两之数，以三年为期，臣得于三年内尽心经理，斟酌损益，定为永图。三年以后，甘肃、新疆军务既蒇②，所拟开源节流之策亦必有成效可睹，庶以前协款为甘肃、新疆用兵收复善后之需，以后部拨为甘肃、新疆常例应有之款，每年以三百数十万两为度，自无不可。臣本菲材，叠荷三朝恩遇，忝窃至今③。当兹时艰孔亟④，非不思仰体朝廷忧勤惕厉之怀⑤，稍慰各省关频施不倦之意，顾始谋未预，晚盖为难，所遇多艰，绸缪解补⑥。虽有生之日皆报国之年，而年近七旬，神识衰钝，只承恩谕，实切悚惶⑦。谨据实备陈，是否有当，伏乞圣鉴训示施行！

译文

十月十三日，军机大臣转来光绪四年九月三十日皇上的一道谕

① 干渎：干，怠慢；渎，不敬，轻慢。宸聪：宸，皇帝的代称；聪，听觉灵敏。指皇帝英明。
② 蒇（chǎn）：完成。
③ 忝窃：忝，谦辞，表示辱没他人，自己有愧。
④ 孔亟：到极点。
⑤ 惕厉：警惕，戒惧。
⑥ 绸缪：修缮房屋门窗。比喻事先防备。
⑦ 悚惶：恐惧不安。

旨，我在跪听之馀，恭敬地得知皇太后、皇上保全大局，建立功业，善始善终，审察时机，估量形势，求万全之策的深意，我哪敢不竭尽我愚钝的才智献计献策，恭候圣上酌情采纳呢？

跪读谕旨："伊犁过去是西路第一重镇，俄国人交还后应如何防守？未交以前是如何布置的？伊犁九城纵横相连，大城西、南、北三面过去设有卡伦，离俄国边境有多远？俄军驻扎到哪里？金顺现驻守在库尔喀喇乌苏，前队西面到达哪里？"臣认为：自从俄国人占据伊犁，在西面原有的拱宸、瞻德、广仁、塔勒奇四城，都弃而不守，几乎毁坏殆尽。绥定城，最近错杂安置了一些陕西回民，离伊犁仅有30里。伊犁大城，人户很少，俄国士兵和商人都聚居在东面的惠宁、熙春、宁远三城，金顶寺的人烟尤其多。伊犁掌管事务的俄国官员名叫马依尔，他的官阶不过像中国的同知、通判之类。主管伊犁事务的是七河的巡抚。七河也称七水，其官名为固必纳土尔，其名叫喀尔帕科斯克依，所驻地阿尔玛图，属于俄国领域，在伊犁西面八百多里。兼管的官员称做图尔齐斯坦总督，名叫克复满，也称高伏满，自称是俄国的大臣，所驻地是浩罕的旧都塔什干城，距我国的喀什噶尔不过数十里的路程。从喀什噶尔到俄国边境纳林河，中间经过俄国的属地布鲁特部，从喀什噶尔城出发，骑马六天可到。以前伊犁本不与俄境相近，中间隔着哈萨克布鲁特种人和浩罕属地安集延，以及布噶尔的属地。近年来俄国人先后胁迫引诱哈萨克布鲁特种人，又攻占夺取了浩罕三部，占据了它的都城，而浩罕的属地安集延也随之陷落了。所以我国北路的伊犁、南路的喀什噶尔的边境都与俄国的属地接壤，距俄国边境也变近了。伊犁收回以后，应该在边境选择军事要地修筑堡垒，开挖沟壕，安设大小炮位，挑选强兵来加强它的险要形势。至于大城伊犁西北的塔勒奇、广仁、瞻德、拱宸各城，剩馀人口不多，但水草便利，应分别选取重要的关隘，暂时驻扎各营军队，分别屯守其间。所有八旗、绿营各营剩馀的士兵，分别发给他们牛、种子、牲畜，督促他们游牧耕垦。旧城堡暂缓修复并不是不可以的。大城东面的惠宁、熙春、宁远各城，民户、商户愿意迁徙的就迁徙，愿意重操旧业的就重操旧业。边疆奠定以后，老百姓居住安定，耕地种田，那么就会有人不招自来，不是以前甘肃可以相比的。那时甘肃东路、西路数千里都是蒿莱，没有人烟，难以安置。至于乌鲁木齐所属各城，都相距很远，难以照料。这是伊犁收还以后的形势。伊犁未还以前，金顺大军驻守在库尔哈喇乌苏，它的西面是精河流过之处，是地势险要的关口，向来驻有马队来扼守拦截。自从福珠哩离开该地区后，金顺没有及时派兵镇守在那儿，以致被汉民回民侵掠，金顺随即派两百人的马队前往镇防，现在应当没有什么好担心的了。从精河向西走一天的路程，是永集湖，再西走数十里便是伊犁的俄国官员设置的第一个哨所，三天就可以到达伊犁。到伊犁的山路有五条，不经过惠宁、熙春、宁远三城。然而山谷险峻幽深，仅能容纳一人一骑行走，不能通车。如果收还伊犁，那么驿道山路都成了我们的腹地。这是形势变化，俄国人现在布置官军防守以及距离伊犁城道路远近的大体情况。

谕旨："设郡县的制度是以老百姓为根本，现在从嘉峪关、乌鲁木齐到库尔喀喇乌苏以西一带，商户、回户各剩多少？从吐鲁番到南八城回民共存多少？除原有的厅、州、县外，其馀各城改设行省是否合适？倘若设置郡县有没有可以管辖的百姓？不设行省又有什么好的计策？"臣认为：新疆之变发生后，北路通道行走困难，迪化失守，所有的属地相继沦陷，户口损失最多，汉人遭受祸害尤其严重，这是因为叛逆的回民仇视汉人的缘故。等到大军前去围剿，接连攻克许多坚固的城池，而昌吉、呼图壁、绥来的回民又因为畏惧征讨而逃奔，人口一下子减了许多。平定以来，恢复安定，安抚百姓，招徕开垦，户口慢慢有了增加。迪化州所属各地的成效很可观。原有民户共四千二百有零，现报名承受开垦的已有三千六百多户。昌吉县原有民户三千九百多，现报名开垦的只有四百数十户；阜康县原有民户三千九十多，现报名开垦的只有二千一十馀户；绥来县原有民户三千七百多，现报名开垦的八百五十多户；奇合县原有民户四千三百六十多，现报名开垦的五百七十多户；济木萨县丞所属地方原拥有民户二千八百多，现报名开垦的三百五十多户；呼图壁巡检所属地方原来拥有民户一千七百三十多，现报名开垦的二百八十多；库尔喀喇乌苏原有民户只有八十多，现报名开垦的已有几十户；精河原有民户四十多，现报名开垦的一百多户；镇西厅户口无从考察，原种地六万亩，现上报民垦有三万六千馀亩，兵垦四千馀亩，土户客户逐渐增加。这是北路民户现存的实际数目。长久遭受兵灾，户口凋敝减损，是不奇怪的。镇迪道所管辖的地方，虽然只剩下很少的人，但每年散发给他们耕牛、种子，酌情发给救济粮，以表示广泛招徕之意。从木垒河到精河，除戈壁外又都是肥沃的区域，土户客户以及遣散的勇丁，领地耕种逐渐增加。镇迪道署理周崇传，勤政廉洁干练，凡事必定亲自过问，逐渐有了明显的成效，再待一些时间，民户就会兴旺了。即以目前来说，也不是不可以治理的百姓。原隶属吐鲁番的镇迪道，荒地很少，现委派道员雷声远、署理同知奎拔，妥为安抚招聚，粮食租税已超过过去数额的一半。南八城除英吉沙尔土地偏小，乌什土性瘠薄，其馀都比吐鲁番富饶，而喀什噶尔、和阗、叶尔羌、阿克苏，人户多且十分富庶，物产丰富，比起其他各城又较繁荣些。刘锦棠、张曜用心管理，现委人员开河引渠，清丈地亩，修筑城堡塘站，铸造钱币，征收厘金，许多萧条的事业又开始兴旺，一切都有了头绪，比起北路更容易成功。这样，南北路开设行省，天时、人事都有可以利用的机会。错过现在的机会不去筹划，未免可惜。这是新疆应该改设行省的原因之一。北路是从准噶尔部收复的，南路是从回部恢复的，都是依据原地的风俗治理，没能与内地划一，早已算是边疆地区。伊犁设将军，又设参赞大臣一员；乌鲁木齐设都统，塔尔巴哈台、叶尔羌都设办事大臣。伊犁等处设领队大臣五员，塔尔巴哈台、乌鲁木齐、库尔喀喇乌苏、古城巴里坤、吐鲁番、乌什、英吉沙尔都设领队大臣，哈密设办事大臣一员，协办事大臣一员，叶尔羌设兼管和阗事务协办大臣一员，乌什设帮办大臣一员，喀什噶尔设换防总兵一员，这样边地、腹地都同等看待，没有什么区别，与管理疆域控制边疆的原则不相符合。将军、都统和参赞、办事大臣，协办和领队大臣，职分等级相似，他们或是来自宫禁之中，或是长久掌握兵权，不能周详了解民众疾苦，管理治民的事情一向很少磨炼，一旦以统领到边疆任职，互不相让，难以行使稽查监督的职责。方圆两万里，治理士兵的官多，治理百姓的官少，而指望政治教化广泛传布，使边远的百姓都能得到恩惠，这太困难了。北路粮员只管征收，而催促的任务交给头目；南路的征收全部由回族的头目阿奇木伯克等交给官府。官吏和百姓隔绝，百姓怕官比不上怕管他们的头目厉害。刁蛮的官吏随意摆布百姓，把他们当犬羊看待。凡是有征收，那些头目等就以官府的名义征收，倚仗势力作威作福，百姓怨恨官府比不上怨恨管理他们的头目来得深。内地征收的定制是地税、丁口税合二为一，按亩征收赋税，因而没有无赋税的土地，也没有无土地的赋税。新疆则是按丁口征收赋税，富户丁口少，赋税、徭役有的很轻；贫户丁口多，而赋税、徭役反而很重，事理不公平，没有比这更厉害的。货币的制度是子钱母钱没法确定比率；争吵诉讼的事，是非曲直不能一下子上达。官吏与百姓语言不通，文字不晓，全靠翻译从中传达，颠倒混淆的事情时有发生，这不是官吏和百姓互相亲近的情况。应渐渐使实情相通，除去中间的阻隔，广泛设置义塾，先教那里的百姓汉文，使他们稍微认识字义。征税时使用券票，对各户百姓的所征数目，用汉文标在中间，旁边兼注回文，使百姓容易看懂。遇到有错误的地方马上给予更正。责成各厅、州、县去办，而道、府负责监督，这样纲目都具备了，事情也容易办好了。那些头目的权力削弱了，官府的法令得到了执行，民众的真实情况也容易了解了，政事治理得好坏容易看得出来，这实在是国家长治久安的基础。这是新疆应改设行省的原因之二。建立国家要有疆界，这是古今一致的道理。《左传》说："天子有道，守在四夷。"周秦以前，暂且不说，从汉朝以来，开辟通道开始于张骞，张骞不能掌握月氏国的概要，汉武帝时派人求宝马不成，随后派李广利讨伐大宛，结果不能攻下一个小国的坚城。汉朝时对西域是穷尽了天下的力量来经营，结果落得个"轮台之悔"，所以班固认为得到它没有什么好处，抛弃它也不是什么损失。现在主张放弃该地的说法就是以此为根据。我不是不同意这个道理，而所以反复争议兵绝对不可以停派，该地绝对不可以放弃，是因为过去现在地形并没变，但是建置却有沿袭开创的不同。事情发展到极点就要变化，变化了就能继续发展，而得以长久不衰。应根据不同时期的具体情况来规定适宜的办法，事情本来就有不容你不去变化处理的情况。臣认为：新疆开拓，从高宗时开始，调遣凉州、西安、热河的满洲兵，延安、绥德、宁夏、兴安、汉中、西宁、固原、肃州、河州、安西的绿营兵丁驻守。南北两路的饷银不另外增加，各城官员的养廉费就用京口、杭州等处所出的八旗绿营的俸饷、口粮、马的粮草以及甘肃等处减下来的草料费来抵充。内地每年节省的数目算起来共有一百二十九万多两，而除划出来抵偿新疆养廉经费的一百零七万八千四百多两外，还剩银二十一万一千五百多两，不仅不用担心会多耗饷银，而且实际还节约了饷银。有人怀疑消耗内地的经费而用于西部边疆的做法不妥当，这与皇上开拓边疆，节约饷银的想法是不对口径的。我自从到甘肃以来，就留心考察甘肃、新疆的饷银数目，人们都说太平时期每年约银五百多万两，自动乱以来，档案散落丢失，难以复核，请户部抄写过去的成案，也没有得到答复。最近根据藩司崇保陈述说：查得道光二十七年，甘肃口内外驻防满洲、蒙古八旗、绿营兵，所需俸饷、婚丧、赏钱、抚恤金等项银子四百一十五万二千三百五十三两三钱九分九厘四丝一忽，口内先一年预拨银一百四十万两，口外拨银二百七十五万二千三百五十两三钱九分九厘四丝一忽，由部臣依照此数估拨或预拨给足。以此来衡量，甘肃、新疆实际饷银的数目是五百多万两，虽然无从考察，但一年之中预拨和正拨四百一十五万两多，却是有数可考的。我私下里考虑，南北两路如果实行清丈法，根据田亩征收赋税，模仿什一税制，而放宽固定的征收额，百姓收成十分，官府征收其中的一分做军粮，尚可有剩馀。修水渠疏通河道、以防备旱涝灾害；改铸统一的钱币，以方便百姓使用；设官局征收厘金，以使赋税充裕；创设义塾，教他们识字；选调匠师，教他们手艺。从春末到现在，逐次经理，已开始有了头绪，等到各处的文书取齐，马上就一一上奏。此外，南北两路物产还有药材、皮革，吐鲁番的棉花，和阗的玉石，库车的金铜铅铁矿产，都应该加以筹划，即新疆的利源并不是没有可开发的。甘肃地处边境，土地广阔，但人户不多，贫瘠困苦为天下第一。太平时期征收的钱粮不及东南的一个大郡，这是明显的证据。战乱后残存的百姓，只剩皮包骨头，奄奄一息。虽然每年安抚休养，渐渐有了起色，终究是用力多而收效少，因为天时地利确实限制了它。全省旧有兵额太多，全靠各省筹款接济。自从中原发生战争，各省无法兼顾，于是回民趁机骚乱，新疆沦陷，甘肃全省名存实亡。幸好英明的皇帝在上，各处都看得清楚，挪用东南的多馀财富来解救西北极端的困苦，宗室大臣、贤臣左右辅助，内外同心，先治理好关内再治理关外，逐一图谋，才有今天，不可说不是幸运的。现在所应当急切筹划的是妥善处理遗留问题的政策；这善后政策，应当是规划久远的，这关系到事业发展或停滞，不是只在一时。拿甘肃和新疆相提并论，新疆有利源可以开发，支出也可以节省；甘肃却难以开发利源，节省开支还有可考虑的馀地。从前额兵多，一是因为甘肃辖域北接蒙部，南与西藏（番）、回部交错，军队少了恐生乱心；一是新疆需要从内地派兵换防，军队少了难以应付调派。如果以现在的局势而言，蒙古人、回民已经接受约束，防营可以慢慢减少。前曾上奏改行饷为坐饷，目的是节约勇饷，恢复甘肃制军的逐步发展。新疆南北如果设置行省，换防的制度就可以永远废除。又打算节省制兵的饷银，来缓解各省援助款的能力。我私下里计算了甘肃、新疆太平时期预拨估拨饷银四百几十万两，等到伊犁收还，每年可节省百数十万两。以后利源一天天增加，饷银更可以减少。部臣可以随时考察斟酌，而担任甘肃、新疆事务的官员，也可以随时上奏陈述，就怕小臣赶不上见到了。这是统筹甘肃、新疆节省饷银需要规划久远的大略情况。

谕旨："应当在非常难办的措施当中寻求一个可进可退的计策。"我私下认为新疆每年需饷银二百几十万两，甘肃每年需饷银二百几十万两，本是太平年份部臣预拨估拨的惯例。现在当甘肃全省澄清，西域收复的时候，照常拨给，这对户部规章并没有不合之处，太平时期各省应当没有什么意见，况且在太平时应拨的数目内又可以节省百馀万两。此后如果经理得适宜，节省的数目或许还不止这些，这实在对国家的开支不无裨益，应当也是部里的官员和边疆各官员所乐于听到的。我在新疆计划办的各种事，都是从有利于百姓，使国家富裕的角度出发，是否改设行省还没有上奏，没得到皇上明确的谕旨。而所筹划的，无论改行省与否都没有妨碍，可以实行就实行，可以停止就停止，前进或后退都有很大的馀地。承蒙皇上英明谅解，给我指明回旋的机会，假若我不开诚布公、直率陈述，缓解太后之念，我又怎能心安理得呢？至于我内心有未说完的话，不得不及时陈述明白，望皇上明察！我的军队积欠的饷银本来是八百多万两，由于每年陆续整顿清理，截至光绪四年还欠一百多万两。最近因为饬令道员胡光墉借有息的商款迟迟未到，由刘典向兰州票号借银四万两，又饬令后路粮台道员王加敏向汉族商人借有息的银子四十万两，驻在陕西军需局的陕安道沈应奎借票号有息银二十万两，暂且应付急用，这样关内外新欠的饷银以及遣散勇丁的饷银，又积欠到二百几十万两。等将来胡光墉押送到所借的有息钱款，除去还陕西、湖北借来的各项有息钱款，多少还点新欠和旧欠饷银外，所剩不多。即使极力想拨留部分下来，以备光绪五年的需用，但是到夏末秋初时，钱款又将用完。前曾接到谕旨："以后无论哪个项目急需用钱，都不得动不动就借有息的商款，以至日后留下拖累。"岂敢不严肃地遵照。只是考虑到甘肃新疆的军务，我既然不曾划留钱款和请求拨款，而一切经费又不曾用别的钱款来报销。如果除了此次借用商款外，各省接济的饷银都能源源不断送来，那么我还可以通过挪用疏通的办法，达到各个方面都能顾及的目的，又哪敢动不动就借有息商款，来冒犯皇上？无奈各省的封疆大臣，身在事外，但见西部的事件很快了结，认为以后的费用也许可以稍微缓解。然而历年向他们索取款项，未免因频繁催问使他们感到讨厌。经常催促，他们却不予反应，这也是人之常情，而我被形势逼到这种地步，已经无计可施，迟早有束手待毙的一天。能否恳求皇上的恩惠，饬令军机大臣、六部、九卿一起讨论，将以前甘肃、新疆每年预拨估拨的饷银四百几十万两，指令各省押送来接济我的军队，并且现在协助我军队的较优于各省，酌情拨给以为接济，达到五百万之数。以三年为期，我就可以在三年内尽心经理，斟酌各项工作的增加或删减，定为永久的计划。三年以后，等到甘肃、新疆的军务完成以后，所筹划的开源节流的政策也一定有明显的成效。差不多可以把以前的接济款用在甘肃、新疆作战和处理善后的需要上。把以后户部的拨款用为甘肃、新疆常例应用的钱款，每年以三百几十万两为限度，不是不可以的。我本平庸之辈，连续受朝廷三代的恩惠，窃居官位直到今天，现在正是时局极端艰难的时候，我并不是不体谅朝廷忧虑操心、戒惧的心情，稍稍宽慰各省海关施予不停的心意，但办事之初若没有处理好，以后就会更加为难，遇到的事情也会多有艰难，补救工作也难于挽回了。虽然我有生之日都应该是报答国家的时候，但我已年近七十，神志衰老迟钝，只是承受恩赐谕旨，心中实在感到不安。我谨根据实情一一陈述，是否得当，还望皇上明鉴。

（阮慧玲）

黄遵宪

黄遵宪（1848—1905），字公度，号人境庐主人，广东梅州（今梅县）人，为清末著名爱国外交家。1878 年 5 月，他完成了《日本国志》的书稿。

日本邻交志后序

黄遵宪在该序中叙述了治外法权的历史由来，对资本主义列强强加给亚细亚的治外法权的不公正性做了深刻的揭露。黄遵宪渴望祖国的昌盛和独立自主，字里行间表现了作者高尚的爱国主义情操。不可取之处在于作者隐约地对资本主义列强抱有一些幻想。

外史氏曰：泰西诸王互相往来，凡此国商民寓彼国者，悉归彼国地方官管辖，其领事不过约束之、照料之而已。唯在亚细亚，理事得以己国法审断己民，西人谓之治外法权，谓所治之地之外而有行法之权也。治外法权始于土耳其。当回部全盛时，西灭罗马，划其边境，与欧人通商，徒以厌政纷纭，遂令各国理事自理己民，固非由威逼势劫与之立约者也，故其弊犹小。而今日治外法权之毒乃遍及于亚细亚。余考南京旧约，犹不过曰设领事馆，管理商贾事宜，与地方官公文往来而已，未尝曰有犯者归彼惩办也。盖欧西之人皆知治外法权为天下不均、不平之政，故立约之始，犹不敢遽施之我。迨戊午岁[①]，与日本定约，遂因而及我，载在盟府至于今，而横恣之状有不忍言者[②]。当日本立约时，幕府官吏未谙外情[③]，任其鼓弄，而美国公使为定约稿，犹谆谆告之曰："此治外法权，两国皆有所不便，而今日不能不尔，愿贵国数年后急改之。"其后，岩仓、大文保出使，深知其弊，亟亟议改，而他国皆谓日本法律不可治外人，迁延以至于今。夫天下万国无论强弱、无论大小，苟为自主，则践我之土，则应守我之令。今乃举十数国法令并行于开港市场，一隅之地明明为我管辖之土，有化外之民干犯禁令，掉臂游行[④]，是岂卧榻之侧容人鼾睡乎[⑤]？条约之言曰："领事与地方官会同公平讯断。"无论其徇情、偏纵也，即曰执法如山，假如以外国人，斗殴杀吾民，各交付其国领事，则英律禁狱三年，法律禁锢百日，罚佛朗百，美律徒刑八十日，俄律徒刑一年，兰律徒刑三十日；而我国杀外国人则议抵命，且责偿金矣。同罪异罚，何谓公平？假又华商、英商同设一锡场，负责甚巨，闭店歇业。彼英商者以一纸书告其领事曰："家产尽绝"，彼即置身事外；而华商则监狱、追捕或逮其妻孥及其兄弟矣。同事异处，又何谓公平？既已许之不由地方管辖，刑罚固有彼轻此重之分，禁令又有彼无此有之异，利益又有彼得此失之殊，此外人者盖便利极矣，而我之不肖奸民冒险贪利，图脱刑网，辄往往依附、影射[⑥]，假借外人以遂其欲。彼南洋诸岛寄寓之华人不曰英籍，则曰兰籍，更何异于为丛驱爵乎[⑦]？此诚我之大不便者也。不公不平之事积日愈多，则吾民之怨愤日深。

---

① 戊午岁：即1858年。该岁美国强迫日本签订了《日美友好通商条约》，条约规定，美国享有领事裁判权。

② 横恣：专横放肆。

③ 幕府：日本明治以前执掌全国政权的军阀。

④ 掉臂：自在游行之状。

⑤ 卧榻之侧容人鼾睡：比喻别人的势力侵入自己的势力范围，构成威胁。

⑥ 影射：借甲指乙，暗示某人某事。

⑦ 为丛驱爵：爵，同雀。鹰想捉麻雀，却把麻雀赶到丛林去了。比喻为政不善，人心涣散，使百姓投向敌方。

通商以来三十馀年，耦俱相依[①]，猜嫌不泯，而士夫夫、细民论其外事则张目裂眦[②]，若争欲剚刀于外人之腹而后快心者[③]。虽由教士之横，烟毒之深，亦未始非治外法权有以招之也，此亦似非外国之利也。虽然明知其不便，今欲改而更张之，彼外人者习于便利，狃于故常[④]，必有所不愿。且以各国人情、风俗、宗教、政治之不同，一旦强使就我，其势又甚难。而现行条约隐忍不改[⑤]，流毒之深安有穷期？窃以为今日之势不能强彼以就我，先当移我以就彼，举各国通行之例，译采其书，别设一词讼交涉之条。凡彼以是施我，以是报我，采彼法以治吾民，彼虽横恣，何容置喙[⑥]。而行之一二年，彼必嚣然以为不便，然后与之共商，略仿理藩院蒙古各盟案件[⑦]，以圈、禁、罚、赎代徒、流、笞、杖，定一公例，彼此照办，或庶几其有成乎？若待吾国势既强，则仿泰西通行之例，援南京初立之约，悉使商民归地方管辖，又不待言也。至于近日租界之案，有华人华人交讼，彼领事亦靦然面目[⑧]，并坐堂皇，参议听断者[⑨]；有烟馆、赌博，我方厉禁，而租界为逋逃主萃渊薮[⑩]，肆无忌惮者，斯又法外用法，权外纵权，为条约之所未闻，章程之所不及（我总理衙门与英法公使议，有洋泾浜设章程十条）。是皆由于地方官吏巽懦瞻徇[⑪]，一若举租界之地方人民亦与别国领事共治之。吾恐各国外部且不料领事纵恣如此也，莫急之务，尤亟告之公使，达之外部，扫除而更张之。

---

① 耦俱相依：指互为依靠。
② 细民：地位低下的人，老百姓。张目裂眦：指发怒时睁大眼睛。
③ 剚（zì）：刺入。
④ 狃于故常：拘泥于成见或习俗。
⑤ 隐忍：事情藏在内心，勉强忍耐。
⑥ 置喙：插嘴。
⑦ 理藩院：清朝掌管少数民族事务的政府机构。
⑧ 靦然：原义羞愧。此处有不知愧怍之意。
⑨ 听断：办理案件。
⑩ 逋逃：逃亡的罪人。渊薮：原指鱼或兽类聚居之地，比喻人或物类聚集之处。
⑪ 巽懦瞻徇：卑顺，怯懦，瞻顾，曲从。

译文

外国史书记载说："西方各国互相往来，凡是这个国家的商民居住在那个国家，都归居住国的地方官管理，他们的领事也不过是约束和照料他们而已。"只有在亚洲，领事才能够用本国的法律审判本国的侨民，西方人称之为治外法权。就是说，在他统治范围以外的地方，仍有行使本国法律的权力。治外法权起源于土耳其，当奥斯曼全盛时，向西灭掉了罗马，在边境划出部分地区，与欧洲人通商贸易。因为厌恶对外交涉事务的纷繁，就命令驻土耳其的各国领事自己管理本国的公民。如此做法，本来不是由威逼以势力劫持订立条约的，所以弊端也很小。而今天，治外法权的毒害，已遍及亚洲。我考证《南京条约》，里面也不过是说设领事馆来管理商业贸易和地方官员公事往来等，根本就没有说外国人犯法归其本国惩办的事。大概西方人都清楚治外法权是不公平的政治，所以，刚开始签订条约的时候，还不敢写上强加给我们。到了戊午年，美国和日本签订条约后，就因此也强加给我们，直到今天仍记载在条约上，西方列强也依此而专横放肆，让人目不忍睹。当年，日本同西方签订条约时，幕府的官员不熟悉外国的情况，任凭别人鼓弄，而美国公使为了定条约，还反复告诫他们说："这治外法权，对两国都有所不便，而现在不得不这样做，希望贵国数年后速速修改条约。"后来，岩仓俱视、大久保利通出使西方各国，深知其中的弊端，急着要商议修改条约，而别国却都说日本法律不可治外，以至拖延到今天。世界各国，无论强弱大小，如果有独立主权，就应当得到应有的尊重。那么，只要踏上我们的领土，就应当遵守我们的法律。现在，十几国的法律同时推行于通商口岸，这小小的地区，明摆着是我们管辖的地方，但有外国人触犯法律，却能逍遥法外，这难道不是卧榻之旁容他人鼾睡吗？条约上说："领事和地方官协同，公平审讯、断案。"且不说领事官循私和偏心，即使是执法如山，假如外国人在斗殴中杀死中国公民，分别交给他们的本国领事处理，那么，按照英国的法律是关监狱三年；按法国的法律条文是禁闭、拘留一百天，罚款法郎一百元；美国的法律是判徒刑80天；俄国的法律是徒刑一年；荷兰的法律则是徒刑30天。而我国公民杀死外国人却要偿命且责令赔偿。相同的罪本应当得到同样的处罚，如此怎能说得上公平呢？又假如，中英商人共同开办一家银行，由于管理不善，负债累累，关门停业，那么英商只要写信告诉他们的领事，说倾家荡产了，便什么事都没了，而华商却要入狱，被追捕或者还要捉拿他们的妻子兄弟，同样的事情得到不同的处理，又怎么算公平呢？

既然已经许诺他们不由地方官管辖，刑罚固然有他轻我重之差别，禁令又有他无我有之差异，利益也有他得我失的不同，外国人实在是便利到了极点。而我国的不肖奸民，冒犯禁令，牟取私利，为了逃脱刑罚，往往依附、影射，利用外国人来达到自己的目的。那些寄寓在南洋诸岛上的华人，不说是英籍，就说是荷兰籍，这和为丛驱雀有什么区别呢？这确实是对我们十分不利的地方。不公平的事越积越多，民众的怨愤也越来越深。通商三十多年来，虽说我国和其他各国互为依存，却也猜嫌不浅，士大夫和百姓每每谈论起外交事务，总是义愤填膺，好像要将外国人开腹剖心才解恨似的。这虽是由于教士的蛮横，鸦片毒害之深的缘故，但也未必不是由治外法权引起的。这也不是对外国人有利的。虽然，明知它的不利，但外国人都习惯了种种便利，拘泥于陈规旧俗，现在要改变它，肯定有所不愿。而且因各国的人情、风俗、宗教、政治的不同，一旦要想强行使他们服从我们，无疑也是很难的。但是，如果现行条约隐忍不改，流毒的深重怎会有穷尽之日？我私下认为，现在的形势不能强迫他们服从我们，首先我们自己应该做些调整以迁就他们。选用各国通行的法律，翻译、采用他们的书籍，另制定有关诉讼交涉的条例。凡是他们用来强加给我们的，我们就用他们的办法来处理我们的民众，他们虽然横行霸道，但对我们的做法也会无话可说。而实行一两年后，他们肯定会认为我们的做法对他们不便而叫嚷起来。然后再和他们商议，略仿理藩院的蒙古各盟案件，以圈、禁、罚、赎，代徒、流、笞、杖等处罚，制定一个公例，彼此照办，或许会有成效呢。等到我国势力强盛时，就仿照西方通行的法律，引用《南京条约》，使商民都归地方官管理，是不需说的了。至于近来租界内发生的案件，有华人和华人打官司，领事也不知羞耻地并坐公堂之上，参议断案；还有烟馆，聚众赌博，我方都严厉禁止，而租界却成为自由活动的场所，肆无忌惮，这又是法外用法，权外纵权，这更是条约、章程中所没有的（我总理衙门与英法公使议定，有洋泾浜所设章程十条）。这些都是由于地方官吏卑顺、怯懦、瞻顾、曲从造成的，好像全部租界内的百姓也应让别国的领事共同管理了。恐怕各国的外交部也没有料到他们的领事竟如此放肆呢！因此，当务之急是应迅速告知各国公使，让他们上达外交部，清除这些弊端而加以改变。

（俞如先）

卞宝第

卞宝第（?—1892），字颂臣，江苏仪征人。咸丰元年举人。1882 年任湖南巡抚，后官至闽浙总督。

为杜讼棍株连苦累小民疏

这是卞宝第在湖南巡抚任上的一篇奏稿。本文提出，京控旅费巨大，又耽搁农时，荒废生产，祸害无穷。奏请除了涉及重大冤情的案件，所有细小案件由该管辖官府就近处理，再由刑部核查。此疏得到光绪皇帝的批准。

臣查阅刑部现行章程，内开京控交审案件，无论奏咨，均应亲提审办等语。源以为小民冤屈莫伸，必当为之昭雪，问官意存迴护，必当于亲提立法，何嫌周密。至于田土钱债细故[1]，本无冤屈重情，未在本省控告，遽行赴京呈诉，亦无虑问官迴护，似宜分别办理。今查京控案件，如上项细故混争，或未在本省控告，此类实多。一经咨交，即应将被告及作证人等，纷纷提省，远或千馀里，近亦数百里，川资旅费需用浩繁，旷业废时，生机坐困。故凡牵连拖累，莫不受害无穷。臣拟仰体皇仁，将咨案之事涉细微，及未经本省控告者，饬发

① 细故：小事。

该管道就近审讯，以期轻重得宜，恤小民苦累之情，杜诉棍株连之计。奉上谕，刑部收京控量词，酌拟分别办理一折。前据湖南巡抚卞宝第奏京控咨文案件，事涉细微，本无冤屈重情，未在本省控告，亦无虑问官迴护，即发该管道就近亲提审，拟该部查议。卞宝第所奏各情，系为矜恤无辜，免受拖累起见，即照卞宝第所拟办理，并行各省，一体照办。至各省京控案件，实因州县官厅断不公，案情重大，冤苦莫伸，情急来京呈诉，自应照例准理。其有以口角微嫌及一切细故，意图牵累捏情妄控者，一经发交本省，专提人证，辗转滋累，是刁狡者得遂其倾陷之计，良民受害不可胜言者。都察、步军统领衙门嗣后遇有京控案件，务将原告原呈，详细审察。如控词琐屑，情节支离，并未在本省督抚衙门控过，即予驳斥，不准接收。并着各省督抚于京控交审之案，督同臬司巡道，虚衷研鞫，务得确情，实则立予平反，虚则照例坐罪，不准以事出有因，及怀疑诬控等词曲为迁就拟结①，以儆刁健，而安善良，钦此。

译文

我查看了刑部的现行章程，里面提到在京城控告交审的案件，无论上奏还是咨呈的，都由（刑部）亲自提审办理。原以为百姓蒙冤无处申诉，一定要为他平反昭雪，担心审问官有意袒护，在刑部亲自提审，订立章程，不妨细密。至于有关田地债负细节，本来就没有重大冤情可言，没有在本省控告，就上京城诉讼。这种案件也不必担心审问官有什么回护，似乎应分别办理。现在查明到京城控诉的案件，像上述小事情的争执，没在本省控告的一类实在很多。但一旦咨呈交审，便应将被告和证人等一起提交京城审问，远则千馀里，近的也有数百里，来往的旅途费用，数量巨大，而且耽搁生产，使生活困窘。

---

① 拟结：定罪结案。

因而凡是被案件牵连拖累的，都受害无穷。我恭敬地体会皇上的仁德，将咨交案件涉及细小的和未经本省处理的案件，命令由该监察区就近审讯，以使量刑轻重适宜，体恤百姓的困苦拖累之情，杜绝讼棍株连的诡计。奉皇上旨意，刑部接收京控呈词酌情拟罪分别办理一折。前根据湖南巡抚卞宝第上奏京控咨交案件，事涉细微，本来没有重大冤情，未在本省控告，也不必担心审问官回护不公，由该监察区就近亲自提审，再由刑部核查。卞宝第上奏的各种情况，是为了体恤无辜免受拖累起见，就照卞宝第上奏的办理，并行文各省，一律照办。至于各省的京控案件，实在是由于州县官员断案不公，案情重大，冤屈无处申诉，急切来京上诉，自然应按照惯例给予办理。其他如口角之争和细小事件，有意牵累他人，捏造事实加以诬告的，一旦交发本省随带人证，辗转拖累，乃是使刁蛮狡猾者得以实现他们的陷害计谋，使百姓苦不堪言。都察院、步军统领衙门以后遇到京控案件，务必将原告及呈词，详细审察，如果事涉细微，情节离奇荒唐的，并未在本省总督、巡抚衙门控告过，即给予退回不予办理。并通知各省督抚对于京控交审案件，协同臬司巡道，仔细研究，务必弄清真情，符合真情的就立即给予平反，不合实情的，就按照律例治罪，不许以事出有因以及怀疑是诬告等语多方迁就，随便了结案件，这样才能儆戒刁民，安抚善良百姓。

（陈　波）

薛福成

薛福成（1838—1894），清末外交官。江苏无锡人。先充曾国藩幕僚，后随李鸿章办外交，1888年任湖南按察使，翌年出任驻英、法、比、意四国公使。

邻　交

本文主要阐述了中国与日本的关系。由于作者特殊的外交生涯，使他比一般的封建士大夫更为清醒地看到中国所处的国际环境。他敏感地意识到日本的目的不仅仅是侵占琉球、朝鲜，而是想乘机侵略中国。作者还着重分析了日本的经济实力、兵力、海军装备等方面弱点，认为他们本身也处于内外交困之中。从而得出结论，日本实力与中国相当，只要中国奋发图强，采取果断措施，仍可掌握外交的主动权。历史的发展证明了薛福成的远见卓识。日本后来果然发动了侵略中国的甲午战争。

古之豪杰论交邻之道，不外两端：诸葛亮之以蜀抗魏也，知吴之可结为援也，故曰释怨以联和。伍员之为吴谋越也①，以其同壤而世

---

① 伍员：即伍子胥，春秋时吴国大夫。原仕楚，后入吴，帮助阖闾夺取王位，整军治武，不久攻破楚国。吴王夫差时，助吴灭越，后被夫差赐死。

曰仇雠也[1]，故曰知去疾莫如尽。今与中国同处一洲之内而国势稍足自振者，莫如日本。论外侮之交侵不能不树援以其自固也，宜有吴蜀相亲之势。然日本人性桀黠[2]，蔑视我中国。彼将以远交近攻之术施之邻邦也，实有吴越相图之心。其机甚迫而其情甚可见也。然日本在唐宋以前未尝不朝贡中国。其后平氏、源氏、北条氏、足利氏、织田氏、丰臣氏、德川氏迭执兵柄，倔强东海之中[3]，国主虚拥神器者逾七百年。元代误用驽将[4]，突遇飓风，弃师海外，是天意欲存日本，非其战胜之功也。明之中叶，边备日弛，海滨奸民诱倭人为寇掠，而彼常有轻中国之心。十数年前彼国中多故，诸侯群起而力争，德川氏狼狈失据[5]，因以黜大将军，而列藩亦废，尽改郡县，骎骎乎有强干弱枝之势[6]。又大开互市，崇尚西法，甚至改正朔[7]，易服色，建置铁路、电线、机器之属，不遗馀力，国债至二万万以外。近又购铁甲船于英国，西人啧啧称许，而彼之气焰益张。夫彼之所以不惜重费，经营如此其勤者，必曰有所取偿也；彼之所以敬事西人，交际如此其密者，必曰可以求助也。然彼有所益，则必有损者在矣；彼既日强，则必有弱者在矣。窃尝为日本踌躇审度，知其志必不仅在琉球、朝鲜也。试思朝鲜、琉球壤地之博，民物之丰，不逮中国之百一也。且日本之在海滨亦多事矣，数年之中，一入台湾，再议朝鲜，三废琉球，今其兵船且游历至福建，隐有耀武之意。彼盖自谓富强之术远胜中

---

① 仇雠：仇敌。

② 桀黠：桀：凶暴。黠（xiá）：狡猾。

③ 平氏、源氏：11世纪日本两个最大的武士集团。北条氏：日本镰仓时代掌握实权的豪族。足利氏：足利尊氏（1305—1358），室町幕府开创者。织田氏：织田信长（1534—1582），日本战国时代末期的战将。丰臣氏：丰臣秀吉（1536—1598），日本战国末期统一全国的封建领主。德川氏：德川家康（1542—1616），日本江户（德川）幕府的开创者。倔强（jué jiàng）：强硬。

④ 驽：才能低下。

⑤ 失据：失去凭借，依靠。

⑥ 骎骎：马走得很快的样子，比喻时光迅速消逝。强干弱枝：加强树干，削弱枝叶。比喻削弱地方势力，加强中央集权。

⑦ 正朔：原指第一年第一天开始的时候，喻为历法。

国，故欲迫中国以所难堪，使我怒而启衅，而彼乃得一试其技。幸而获胜，彼固可任其取求；万一不胜，彼恃西人为排解，决无亏损于其国，其为谋亦狡矣。故此时琉球之废，非谓其地是贪，民是用也，彼特以此尝中国也。中国而力与之较，故藉为开衅之端；中国而不与之较，亦愈知中国之弱。渐且南犯台湾，北攻朝鲜，浸寻达于内地①，殆必至之势矣。今试就日本近事与中国挈长校短而论之②，日本仿行西法，颇能力排众议。凡火轮、舟车、电报及一切制造贸易之法稍有规模，又得西人之助，此其自谓胜于中国者也。然日本土地及人民不及中国十分之一，国债累累，岁入之款半输息银，是其饷不足恃也。国库空虚，百务仰给纸币，纸币不能用之国外也。一旦有事，船炮军火皆无可购，则其械不足恃也。日本近更军制，寓兵于农，通国陆军常额不过三万二千人，则其众不足恃也。惟彼海军有战舰十五号，大炮数十尊，不尽新制，毁之者曰朽败难用，誉之者曰操练颇精。兵之精不精必经战阵始见。日本以西法练兵，仅逾十年，未经战阵，核其实，当与中国相等。彼西人之称之者要不过阿好之言③，亦挟为恐喝中国之具耳。况日本自变法以后，而悍将骄兵之失职，废藩旧族之怀怨，常思乘间蜂起，以龉执政诸大臣④。彼又北畏俄人，西防中国，苟势有不支，西人且易袒护而为窥伺。彼之政府筹之审矣，所以未敢径与中国为难，而必以琉球试其端者，职此之由。然而日本虽诡谲⑤，仍视中国之举动以为进止也，明矣。夫今之时势与元、明迥异，自强之权在中国，即所以慑伏日本之权亦在中国。彼可购而得者，我亦可购而求；彼可学而能者，我亦可学而至，而况中国财力物力十倍于日

---

① 浸寻：随即。
② 挈（xié）：用绳围量，衡量。
③ 阿好之言：奉承的话。
④ 龉（yǐ）：毁伤，倾轧。
⑤ 诡谲：欺诈，玩弄手段。

本者哉。琉球蕞尔[①]，存亡绝续，原不足为中国重轻。然日本相侵之志危矣、迫矣，儳焉不可终日矣。中国于自强之术不宜先空言，不可阻于浮议，诚能一日奋然有为，而决之以果，课之以实[②]，固旋立而有效者也。是故为今日计，御俄之道，利用柔非柔也，化其争竞之气；御日本之道，利用刚非刚也，示以振作之机也。军志有之曰：上兵伐谋，其次则伐交[③]。夫诚措注得宜[④]，则敌之狡谋可戢[⑤]，行且介西人以求成于我也，而西人之交又何必不合于我也。

译文

古代的豪杰议论起结交邻邦的办法，不过有这样两个方面：诸葛亮以蜀国对抗魏国，知道邻邦吴国可以结交作为援助，所以实行消除怨恨而结为盟国的政策。伍子胥为吴国图谋越国，由于吴越处在同一地域而且世代都是仇敌，所以用彻底消除疾患的策略。如今和中国同处一洲之内，并且国势略可自立的就是日本国了。论起西方列强群起侵略，不能不树立援国而增强自身的力量，应当采取吴、蜀相互亲善的政策。然而日本列强本性强暴狡猾，蔑视我中国，它将采取远交近攻的战略来对付邻邦，实在是有吴、越想相互吞并的意图。这种形势非常紧迫而其情势也是显而易见的。然而日本在唐宋以前也曾向中国朝贡。后来平氏、源氏、北条氏、足利氏、织田氏、丰臣氏、德川氏等轮流执掌兵权，雄踞在东海之中，国王徒有虚名，只在名义上是国家的统治者，这一情况已延续七百多年了。元代误用低能的将领率兵讨伐日本。出海途中突然遇到飓风，军队覆灭，这是老天爷想要让日本存在下去而不是日本的战功。明朝中叶，边疆防备逐渐松弛，沿海

① 蕞尔：形容事物很小。
② 决之以果，课之以实：决策果断，要求其实效。
③ 上兵伐谋，其次伐交：最好的用兵方法是以谋略取胜，其次是以外交手段来取胜。
④ 措注：施行，安排。
⑤ 戢（jí）：收敛，止息。

一些刁滑百姓引导日本人抢掠沿海地区，而日本人常有轻视中国的念头。十几年前，日本国内也有很多事。诸侯纷纷兴起争斗，德川家康失败而失去了实权，以此罢黜了大将军一职，同时废除了诸藩，全部改为郡县，渐渐有强干弱枝的形势。同时又大力推行通商互市，崇尚西方制度文化，甚至改变历法，更换服饰，建设铁路、电线，置备机器之类，不惜全力以赴，国债达到两万万以上。近来又向英国购买铁甲船，西方人都连声称赞表示佩服，因此它的气焰更加嚣张。日本之所以不惜重金，经营如此勤奋，一定是要以后取得回报的；日本之所以崇尚西方人，和西方交往这样的密切，是认为以后可以求助于他们。然而，它能获得好处，必然有别的国家吃亏；既然它日益强大，就一定有弱国存在。我曾经反复考虑日本，审时度势，知道它的目标不仅仅在于琉球、朝鲜。试想朝鲜、琉球土地之广阔，物产之丰富都不及中国的百分之一。况且日本在海滨也多有举动，几年之内，一度侵入台湾，又谋夺朝鲜，还占领琉球，现在它的军舰又驶往福建沿海，隐约有炫耀武力的意图。大概日本自以为它的富强方略远胜中国，所以想使中国受辱难堪，使我恼怒而挑起事端，从而日本就可以一试它的实力，趁机实现侵略中国的阴谋了。假如侥幸获胜，它当然可以随心所欲，取得它想要的好处；万一不能获胜，它就依靠西方人为它排解调停，它的国家决不会有什么损失，这样的筹划也够狡猾的了。所以此时琉球被占，并不是说日本贪图它那点儿土地和人口，其目的是要以此来试探中国。假如中国与它力争，日本就可以借此挑起事端；假如中国不和它计较，日本就更加了解中国的虚弱，它就会逐渐地向南侵犯台湾，向北进攻朝鲜，渐渐达到中国内地，这是必然的形势。如今就拿日本近来的情况和中国相比较而言，日本仿效西方制度文化，力排众议，凡是火轮、舟车、电报等一切制造业和商业都渐有一定的规模，又得到西方人的帮助，这就是日本自称比中国强的地方。但是日本土地及人口不到中国的十分之一，国债很多，年收入的一半用于支付利息，那么它的兵饷是不够支持的。国库空虚，一切开支都依靠发行纸币，但本国纸币在外国不能使用，一旦有战事发生，船炮军火都无法购买，那么它的武器也是不足依赖的。日本近来改革军制，寓兵于农，全国陆军常备军总数才三万二千人，那么它的兵力也是不够支撑的。只有日本海军有战舰十五艘，火炮数十尊，不都是新制的，贬抑它的人说陈旧破烂难以使用，而称许它的人说海军操练很精善。军队精善与否是要经过战争才能证明，日本用西法训练军队只有十来年，还没有经过战争考验，考察它的实力，应与中国相当。西方人的称许只不过是奉承的话，也含有恐吓中国的意思罢了。何况日本自从明治维新后，那些骄兵悍将失去了原有的地位，被废去藩地的旧贵族也心怀不满，他们常想趁机蜂拥而起作乱，以颠覆当权的大臣们。日本又害怕北面的沙俄，要防备西面的中国，如果它一旦支撑不了这内外交困的局面，西方人就会把袒护变成窥视。他们政府对于以上情况的筹划考虑是很清楚的，所以日本还不敢贸然与中国为难，一定先用占领琉球来试探情形，就是这个原因了。这样看来，日本虽然诡计多端，还是要看中国的举动再决定它的行动，这是很明显的。如今的时势和元、明两朝大不一样，自强的主动权在中国，使日本恐惧而屈服的主动权也在中国。它可以通过购买而得到的，我们也可以通过购买得到；它可以学习而掌握的，我们一样可以通过学习而掌握，何况中国财力物力是日本的十倍。琉球本是小地方，它的存亡对中国而言无足轻重，但是日本侵略我国的意图已是非常危急，非常紧迫，我们再不可一日苟且偷安了。中国对于自强的方法不应只说空话，不可以被一些无根据的议论所动摇。中国果真有一天能奋发图强，决策果断，要求其实效，一定会随做而随见成效的。谋划今日的策略，抵御俄国的方法，宜于用柔而不是柔的策略，化解它争竞的心理；抵御日本的方法，宜于用强硬而不是强硬的对策，使他们看到中国振作的态势。兵书上说：最好的策略是以计谋取胜，其次是凭外交手段取胜。如果真的能够处理得当，那么敌人的狡计也会收敛了，将有一天日本也会借助西方人为中介，主动要和我们搞好关系，而西方国家又怎会一定不结交我国呢？

（林 星）

用机器殖财养民说[1]

本文集中反映了薛福成主张效法西方国家，用机器生财养民，发展工商业的进步思想。首先论证了使用机器生产带来巨大的好处，可以降低成本，节省人力，提高效率，增加产量和利润，更可以占领和扩大市场，抵制洋货倾销，最终使“商务殷实，民生富厚，国势旺盛”。同时作者又进一步从反面论证如果不使用机器，产品将更没有竞争力，利益将归于洋人，其直接后果将是商务衰竭，民生困苦，国势衰弱。

凡人用物，断其质良价廉[2]，此情之所必趋，势之所必至，非严刑峻法所能禁也，非令名美誉所能劝也，非善政温辞所能导也。西洋各国工艺日精，制造日宏，其术在使人获质良价廉之益，而自享货流财聚之效，彼此交便[3]，理无不顺。所以能致此者，特机器为之用也。有机器，则人力不能造者，机器能造之；十人百人之力所仅能造者，一人之力能造之。夫以一人兼百人之工，则所成之物必多矣。然以一人所为百人之工，减作十人之工之价，则四方必争购之矣。再减作二、三人之工之价，则四方尤争购之矣。然则论所成之物，一人可兼十、百；论所获之价，一人可兼二、三，加以四方争购，其物视如减

① 殖财：增加财富。殖：生息，繁殖。
② 断：一定，毫无疑问。
③ 交便：互相便利。

十减百之便利，而谓商务有不殷盛，民生有不富厚，国势有不勃兴者哉！中国人民之众十倍于西方诸国，议者谓广用机器不啻夺贫民生计，俾不能自食其力。西洋以善用机器为养民之法，中国以摒除机器为养民之法。然行是说也，必有人所能造之物而我不能造者。且以一人所为之工之价，则其物之为人所争购，必不与西人之物相抗也，明矣。自是中国之货非但不能售于各国，并不能售于本国。自是中国之民非但不能自食其力，且知用力之无益，亦遂不自用其力。自是中国之民非但不能成货以与西人争利，且争购彼货以自供其用，而厚殖西人之利。然则商务有不衰竭，民生有不凋敝，国势有不陵替者哉[①]！是故守不用机器调济贫民之说者，皆饥寒斯民，困阨斯民也。此从前闭关独治之说，非所以论今日也。必也研精机器以集西人之长，兼尽西人之力以收中国之用，斟酌变通，务使物质尽良，物价亦廉，如近年日本之夺西人利者。则以中国之大，何图不济？余观西洋用机器之各厂，皆能养贫民数千人或数万人。盖用机器以造物，则利归富商；不用机器以造物，则利归西人。利为富商则利犹在中国，尚可分其馀润以养我贫民。利归西人则如水自涸而木自萎，如膏渐销而火自灭，后患有不可言者也。

译文

人们使用器物，一定是用那些质量好价格便宜的，这是人情的趋向，客观形势使之然，不是严苛的刑法所能禁止的，不是好听的名声所能劝诱的，不是良好的政策温和的言辞所能引导的。西洋各国的工艺一天比一天精良，制造的规模一天比一天宏大。它的方法在于使人获得质优价廉的好处，并且自己享有货物流通财富聚集的效果，彼此都得到利益，这在道理上没有说不通的。之所以能达到这样的地步，

① 陵替：衰落。

只是因为使用了机器。有了机器，那么人力不能制造的，机器能够制造；十人百人之力才能制造的，一人之力就能制造。一个人能兼有一百个人的工效，那么所产生的物品一定会多起来。这样以一人所做的相当于一百人的工效，工价减为十人左右，就降低了成本和商品价格，那么各地的人一定会争相购买它。如果再减作两三人的工价，那么四方的人更是踊跃购买了。这样，论所生产出来的东西，一人可以等于十人百人的工效；论所获得的价钱，一人可以兼得两三人的价钱，再加上四方的人争购，这些产品就如同有减少了十个百个人工的好处。难道还有商务不繁兴，民生不富厚，国势不旺盛的吗！中国人口十倍于欧洲各国，有人议论说推广使用机器，就等于夺去了贫民维持生活的出路，使他们不能自食其力。西洋人以善于使用机器作为养民的方法，中国人以排斥机器作为养民的办法。然而若真的实行这些人的主张，一定有别人能制造的东西而我却不能造，而且以一个人的工效和工价所制成的产品投入市场，一定不能与西洋人的产品竞争抗衡，这是很明显的。从此中国的货物非但不能远销海外各国，而且在本国也没有什么市场；从此中国人民非但不能自食其力，而且知道用力也是无益的，自己也就不想再用力了；从此中国人民非但不能制造货物来与洋人争夺利润，反而去争购他们的货物以供自己使用，从而增加了西洋人所获的利益。那么商务还能够不衰竭，民生还能够不困穷，国势还能够不衰弱么？所以说坚持主张不用机器来调济贫民生活的做法，是使人民生活处于饥寒困苦的境地啊！以前这种闭关自守的言论，是不能适用现在的形势的。因此必须精通机器以集西方人的长处，尽收西方人的智力为我国所利用，反复考虑变通方法，一定要使产品质量精良，价格也低廉，就像近年日本人争夺西方人的利益一样。那么以中国之大，什么抱负会不成功呢？我观察西方人使用机器的工厂，都能养贫民成千上万。大体上用机器来造物品，则利润归于富商；不用机器造物，则利润被西方人拿去。利益归于富商，利益还在中国，还可分出其多馀的利润来养贫民；利润归于西方人，就如同水自行干涸，树木自行凋萎，如油脂渐渐销损而火自然熄灭，后患是一言难尽的啊。

（林　星）

郑观应

郑观应（1842—1922），广东香山（今中山）人。曾在英商宝顺洋行、太古轮船公司当买办，历任上海机器织布总局办，轮船招商局帮办、总办，上海电报局总办。

泰西诸国设立议院源流

本文罗列了古代希腊、罗马等的几种政治体制，说明了西欧各国议院的起源，随后具体介绍了西欧各国议院的议员人数、身份、资格、俸禄、选举方法等各个方面的详细情况，其目的正如文中所言，“以备时贤参考”，即希望清朝统治者和各级官员，能效法欧美各国，在中国也实行议会制。

泰西各国之创有议院，其所来者久矣。夷考泰西上古创业垂统①，计有三国，曰希腊，曰罗马，曰德多尼。然年代有先后，而政教有尚文、尚武、尚格致之不同②。凡今欧西各国政教、礼俗、律例、官制，无不本于三国，而希腊一国实为之始。考希腊国史，其政分为四类：一国听于王，是谓王政；一国听于绅，是谓至善者之政；一国听于

① 夷：语气词，无义。创业垂统：创建功业流传子孙。

② 格致：“格物致知”的略语，穷究事物之理而获得知识的意思。清朝末年讲西学的人用它作为物理、化学等科学的总称。

民，是谓民政。此三者皆与希腊俗不悖，其有悖于希腊者俗名代兰得之政①。所谓代兰得者，谓操有一国之权而可以独断独行者也。当时绅政则以斯巴达城为最胜，民政则以雅典城为至当。前此雅典国，惟贵绅甫覆参政。至梭伦②，乃改定雅典旧例，诸贵绅外除，生而不为奴者，无论谁氏，举可以议论国事，皆有可以指陈是非可否之权。凡遇国事，民皆得凭一己之见，投黑白子于柜或高举一手以明是非。与邻国言战言和，可否一听于民。民会之外，更有一议事会，为绅董四百员主持。民会有何建白③，务先于议会绅董商明准许而后可。其四百议员尽由民会选立，一岁期满别有一次更易。此即今日泰西各国上下议院之权舆也④。希腊国俗，治国与司祭并重⑤，故统理国政者其名有二：一曰巴西路⑥，治国与司祭二意兼备；一曰亚根⑦，则仅有治国之意而无司祭之意。雅典既为民政，贵绅将王司祭之职削去，易其称为亚根。初定亚根时乃终身之职，犹可子继父业，继而更为十年期，满更易一人。至西历纪元前六百八十三年时，亚根之位复改为岁一更易，并由一人为正，八人为副，九人共膺亚根之任⑧。盖欲文事武备分与九人执掌，不使一人统握全权，是谓希腊民政之制。罗马之先亦为民政，至奥古斯都而始有帝制⑨。当其行民政之际，将王权推一总统，岁一更易，称为低革达多。其后人虑其权势过巨，遂改订为每岁选二大吏分掌此总统之权。始称为伯利多郎，首先之意，后称为

---

① 代兰得：寡头制。
② 梭伦（前638—约前559）：古雅典政治家、诗人。前594年出任首席执政官，进行政治改革，推行一系列发展工商业的措施，打击氏族贵族势力。
③ 建白：提议、论案。
④ 权舆：草木萌发的状态，引申为事物的开始。
⑤ 司祭：掌握教权之人。
⑥ 巴西路：斯巴达元帅的称呼，战时指挥军队，和平时主持宗教仪式。
⑦ 亚根：雅典执政官，一年一任，初三人，后增至九人。随着平民对贵族斗争的胜利，平民亦能当选。希波战争中，此权力渐为十将军会议取代。
⑧ 膺：承受、承担。
⑨ 奥古斯都：古罗马皇帝（前63—14），原名屋大维。前27年元老院授予其“奥古斯都”（拉丁文意为“神圣者”、“至尊者”）称号。

根苏利郎，议商之意。国家遇有危难，则限以六个月准用低革达多仪制[1]，独操国柄与王无异。若平日整理国务檄，用根苏利式，是用罗马民政之制，此皆今日泰西各国公举总统之权舆也。试更以近日泰西各国上下议院规制言之。法当一千八百五十二年，拿破仑第三朝，曾设上院员数一百五十人，兼以牧师、帅臣、水师、督臣、各亲王充之，每员岁俸各予福兰三万枚[2]。一千八百六十年，稍改其数，其缺视下院得三分之二。英国上院亦以亲王世爵充之[3]。葡萄牙之定上院议臣也，或终其身，或世其职。普国议政上院[4]，近得三百四十人，然非定额，有亲王、降王四十人[5]，备顾问者二十三人，袭世爵者七十二人，终领院职者二百二十四人。此二百二十四人中，有国王亲简者，有世爵城绅公举者[6]，有监督肄院推择者。墺国议政上院员缺二百一十三人[7]，兼领之亲王、总监、督监、监督共十七人，终领院职者一百四人，馀皆世爵其职。意国议政上院员缺无定额，以奇才异能，家道殷实者领是职，皆终其身。巴西国议政上院由国王于公举数酌选定之员，无定额。比利时国议院上院备选者八百二十三人，每人岁缴税课及二千一百一十六福兰者，得应选入院，以八年为期。荷兰议政上院所有举充议员者，例由各省议员中择纳税最多者以膺其选。上院无创议之权，凡国事须自下院申详，上院定其可否。丹马国议政上院有系百姓公举者[8]，有系国王拔自下院，使终领是职者。瑞士及美国议政上院皆由各郡议院公举。此泰西各国上议院规制之大略也。

---

① 仪制：准则、制度。此处为体制之意。

② 福兰：法郎，法国货币。

③ 亲王世爵：亲王，国王亲属中封王者。世爵，世袭爵位的贵族。此处指英国上议院中的农场主贵族。

④ 普国：普鲁士。

⑤ 降王：1867年，普鲁士为首的22个德意志国家和三个自由市组成了联邦，设两院议会，上议院里有被统一的国家的代表，郑观应称他们为降王。

⑥ 城绅：城市有地位和贤行的人，即通常所说的资产阶级。

⑦ 墺国：奥地利。

⑧ 丹马：丹麦。

英国下院议员选举之数，著有定额：英伦四百六十五人，威尔勒士三十人，苏兰额四十三人，阿尔兰一百有三人①。下院总董一人，每年俸粮金钱五千镑。副董二人，金钱一千六百镑。此外，自律师、巡员、书吏之外，食禄者殊寥寥也。法国下院议员共五百八十四人，为众民所选、年须在二十五岁之外，兵船水手不入被选之例。和约下院皆有权商榷。下院议员每年得俸九千佛郎。美国下院人员由各邦所遴选，两年为期，额数之多少，视民数之众寡为定。其先准于三万人中选举一人，后又改为七万六百八十人中选举一人。近今民数繁多，视旧制为更增矣。墺国下院人员由百姓选举，以六年为期，正副绅董亦由下院自行选举，核其额数，产业殷富者选八十五人，居城者选一百十六人，居乡者选一百三十一人，工作贸易者选三十一人。德国下院绅士为百姓所推选，约于十二万人中选举一人，五年一易，下院之人无常数，恒驻院中者约四百人。意大利全地分一百三十部，下院绅士于五万七千人中选举一人，凡充下院之职者须年齿届三十岁，有产业于国中者方能被选。五年期满，重行选举。荷兰下院绅士有一百人，均以通国选举，无论何人，岁输赋税于国家在十给勒以外者即有选人之权②。三给勒约抵华银一两。被选人年齿须在三十岁以上，于例方符。凡膺下院之任者，每人岁受二千给勒为俸粮，四年期满则更选。瑞典下院议员分城乡两处选举。城中每万人中可选议员一人，在乡，则四万人中可选一人，四万以外可选二人。其人年齿必须在二十五岁之外，三年为期，满则更选。西班牙下院议员约于五万人中选取一人，亦由民间所公举，每人在院办事，期以五年，满则更举。葡萄牙下院议员约三万人中选取一人，以四年为期。比利时下院议员必本国之人，居本国者始得当选，年齿须在二十五岁之外。选额视百姓之多寡为衡，最多者四万人中选取一人，四年为期。瑞士下院额数一百四

---

① 英伦：英格兰。威尔勒士：威尔士。苏兰：苏格兰。阿尔兰：爱尔兰。

② 给勒：（荷兰）盾，荷兰货币单位。

十七人，每二万人中选取一人，以三年为期。凡民年在二十以外，即可操选人之权，惟教师不得厕于选例。此泰西今日各国下议院规制之大略也。姑译录之，以备时贤参考云尔①。

译文

欧洲各国创建议院的历史，由来已久。考查欧洲上古能够创业立国以流传后世的，共有三个国家，即希腊、罗马、德多尼。然而它们年代有先后，政治教化不同，有的崇尚文化，有的崇尚军事，也有崇尚科技的。现在西欧各国政教、礼俗、律例、官制没有不根据这三个国家的，而希腊实在是最早的。追考希腊历史，它的政治体制可分为四类：一是国政听凭君主号令，叫做君主政体；一是国家权力掌握在贵族手中，叫做贵族政体；一是国家大事由人民来裁决，叫做民主政体。这三种都与希腊的传统不相违背，与希腊传统相悖的叫做代兰得。所谓代兰得，就是掌握一国大权而可独断专行者。当时的贵族政体以斯巴达城最为典型，民主政体则以雅典城邦为典型。以前的雅典，只有贵族才能参与国事。到梭伦当政时，乃改革这一旧例，除了贵族以外，凡是出生不是奴隶的人（自由民），无论是谁，都可以参加讨论国家大事，都享有批评国政是非和表示拥护或反对的权利。凡遇到国家大事，民众都可以根据自己的看法，把黑、白色的石子投进柜子或高举一只手臂来表明赞成或反对的态度。和邻国开战还是议和，也完全听凭人民裁决。人民大会之外，还设有一个议事会，有贵族议员四百名主持。人民大会有什么提议，都必须经过议事会贵族议员商量批准后才可以施行。这四百名议员都是由人民大会选举产生的，任期为一年，一年改选一次。以上介绍的就是现在欧洲各国上院下院的开端。希腊的传统，治理国家和掌握教权同等重要，所以，统

① 时贤：当世的贤达，即当代贤能有声望的人。云尔：如此，这样。引用文句或谈话时，表示结束或有所省略。

理国政者有两种名称：一是巴西路，兼有治国权和司教权；一是亚根，则只有治国权而无司教权。雅典既然是实行民主政体，贵族废除了君主的教权，改名为亚根。起初确定亚根为终身职务，并且可以子承父业，后来改为十年任期，满后另选一人担任。到公元前683年，亚根的职务又改为每年更改一次，并由一人任正职，八人任副职，九人来共同承担亚根之职。这大概是想将行政、军事权力分给九人共同掌管，不使一人大权独揽，这就是所谓的希腊民政制度。罗马起初也是实行民主政体，到了奥古斯都时才开始实行帝制。当实行民主政体时，是将王权交给一个人总管，每年更换一次，称为“低革达多”。后来人们担心他的权势过大，乃改为每年选两位大臣分别掌握这个总统的权力，开始称为“伯利多郎”，即首先的意思，后来改称“根苏利郎”，即议商的意思。国家遇到危难，就限定六个月内可以实行低革达多制，独掌大权与君主没有什么不同。如果平时治理国务下达指示，利用根苏利的制度，这就是罗马的民主政体，也是今日欧洲各国推选总统的起源。现在试就近年来欧洲各国上下议院规制作一介绍。法国在1852年拿破仑三世上台执政时，上院有150名议员，由牧师、帅臣、水师、督臣及各亲王充任，每人每年薪金为三万法郎。1860年，做了小小变动，其人数为下院的三分之二。英国上院议员也是由亲王和有爵位的贵族充当。葡萄牙上院议员或是终身享有此职或是世代承袭这一职务。普鲁士议会上院最近有340名议员，但数目并不固定，其中有亲王、降王40人，备以顾问的人23人，世代相袭爵位的72人，终身享有上院议员职务的有224人。这224人中有国王亲自选定的，有贵族和城市资产阶级公推的，有监督肄院推举选择的。奥地利议会上院议员数额为213人，其中兼领的亲王、总监、督监、监督共17人，终身领有院职的104人，其馀都是世代继承这一职务的。意大利议会上院议员数目并无定额，由有才能且家产富裕的人担任，都是终身充当。巴西议会上院议员由国王从公众推选的候选人中，斟酌选定其数，也无固定数额。比利时议会上院备选的有823人，每年缴纳税款2116法郎以上的人，就可以应选进入上院，任期八年。荷兰议会上院所有被推举充任议员的人，按惯例都是由各省议员中选取那些纳税最多的人担任。上院没有提出议案的权力，凡是国事必须由下院提出，并详细说明情况，上院决定是否可行。丹麦议会上院议员中有的是百姓选举的，有的是国王从下院中选拔上来的，实行终身制。瑞士及美国议会上院都是由各州议院公举的。以上就是欧美各国上院制度的大概情况。英国下院议员选举之数，有明确定额：英格兰465人，威尔士30人，苏格兰43人，爱尔兰103人。下院设议长一人，每年薪金5000英镑，副议长两人，每年薪金1600英镑。此外，除了律师、巡员、书吏以外，拿国家薪水的就没有什么人了。法国下院议员有584人，为民众所选，年龄要在25岁以上，兵船水手没有被选举权。订立和约等军国大事，下院也有权商议。下院议员每年可得到薪金9000法郎。美国下院人员由各州选举，任期两年，数额多少，依人口多少而定，其标准，先是每三万人中选一人，后又改为70680人中选一人。近来人口增加很多，议员数当比过去更增加了。奥地利下院人员由百姓选举，任期六年，正副议长也由下院自行选举。其员额分配，产业殷实富裕者选85人，城市居民选116人，乡村百姓选131人，从事工商贸易的选31人。德国下院议员为百姓推选，约十二万人中选一人，五年改选一次，没有固定的人数，常驻议院的议员约有四百人。意大利全国分为130个小城邦，其下院议员每57000人中选举一人，凡是充当下院议员的必须年龄达到30岁，且有资产在国内的人才有资格入选。五年任期满后再重选。荷兰下院议员一百人，都是在全国范围内选出，无论什么人，只要每年向国家缴纳赋税在十给勒以上的，都有选举权。三给勒大约相当于中国的一两白银。候选人年龄要30岁以上才符合规定。凡任下院议员者，每人每年可领两千给勒的薪金，四年期满则改选。瑞典下院议员分城乡两处选举。城市每万人中可选议员一名，在乡村则每四万人可选出一名，超过四万人可以选两名。候选人年龄要在 25 岁以上，任期三年，满则改选。西班牙下院议员约在每五万人中选举一人，也是由民间选举，每人在议院任期五年，满期就改选。葡萄牙下院议员约在三万人中选取一人，以四年为期。比利时下院议员必须是本国人，居住在本国的才能参加竞选，年龄要在 25 岁以上，议员数目依百姓人口多少而定，最多的四万人中选一人，任期四年。瑞士下院议员数额 147 人，每两万人口中选举一人，任期三年，凡是在 20 岁以上，就有选举权，只有教师不能参与。以上就是现在欧美各国议会下院制度的大概情况，姑且把它翻译出来并记录在这里，以供当代贤能参考。

（林　星）

吴剑华

吴剑华，生平不详。

查视秘鲁华工记（节录）

本篇是作者随驻秘鲁公使郑藻如去秘鲁时的见闻，具体地揭露了秘鲁农场奴隶主把华工作为奴隶加以虐待、杀戮的真实情形，读来令人发指。是一篇进行爱国主义教育的生动教材。这篇文章是作者随郑藻如使秘鲁回国后，约于1884年底写成。

余昔随美、日、秘出使大臣郑公玉轩往南亚墨利加洲[①]，开办秘鲁使署事宜。部署既粗定，遂派员查视秘鲁田寮华工[②]。所到之处，接猪仔禀词辄数百纸[③]。据其所述苦情及寮主苛虐之状，受者丧胆，闻者鼻酸。闻各工每日晨起，以铁链锁牵就役，饷食不过面包一块，香蕉二枚。日晚牵归，监以黑奴，稍怠则鞭棒交下，击死勿论。夜则严闭一室，用铁环桎其手于木榻边柱之上[④]，转侧皆难，恐其逃也。又有恶犬数十头，间有逃工，则放犬四出，嗅气寻觅，十无一免。觅

① 郑公玉轩：公，旧时对长者或平辈的尊称。玉轩是郑藻如的字。
② 田寮：田庄。
③ 禀词：此指诉状。
④ 桎：镣铐。在手曰梏，在脚曰桎。此处作动词解。

得咬噬拖回，用手枪击死。不回则终亦咋死[1]，或用火烧死，或置于水牢之中，泡烂而死。有一寮主尤凶狠异常，杀华工以千百计，积其颅骨垒砌花台，俨示京观之意[2]。噫！何其酷也！查毕，回秘京利马，曾请公使与秘廷再三辩论，大声疾呼，责其非礼。秘廷亦深抱愧歉，奈各寮主皆诸邦流寓，仍各藉其本国之兵威以自固，拥厚赀，聚兵众，俨类分藩割据。政府空文诘责，竟视若弁髦[3]。若用兵声罪致讨，则秘京兵额止有三千，夫何以济？只得谨谢不敏[4]。余奋然请诸公使，欲练华民团兵，枪械由绅商捐备。时值秘乱，各国皆创练兵，非独我国，秘廷必见允也。余愿为练总，于礼拜日督操，教之坐作进退，开阖奇正。但得精卒三千人，足可自往讨其首罪，即指筑华工头为京观者，灭其地归之彼国，而即按道里安插华民，以流寓变为土著。首罪既伏其辜，别寮亦当畏慑，改苛为宽……

译 文

我以前随同美国、日本、秘鲁三国出使大臣郑玉轩前往拉美，筹办秘鲁大使馆等事宜。安排已经粗略确定，于是派遣人员考察探视在秘鲁境内各个农场的华工。我们所到的地方，接到被称为猪仔的华工上呈的诉状都有几百份。根据他们所述惨状以及农场主苛刻虐待他们的情形，遭受苦刑的人惊恐万状，我们听得悲切哀伤。据说每个华工早上起来便被铁链锁着牵出去劳动，伙食也仅仅是一块面包，两个香蕉。晚上牵回，以黑奴为监工，稍有怠慢，鞭抽棒打，打死也不负责。夜晚都被严密地关在一间屋子里，用铁环把他们的手铐在床边的

① 咋：亦作“龄”，啃咬。
② 京观：古代战争，胜者为了炫耀武功，搜集敌人尸首，封土成高冢，称为京观。
③ 弁髦：弁，指缁布冠，一种用黑布做的帽子。髦：童子的垂发。古代贵族子弟行加冠之礼，先用缁布冠把发束好，三次加冠之后，就去掉墨布帽子，不再用。因此比喻无用的东西。
④ 谨谢不敏：自谦词。

柱子上，翻身都很困难，为的是防止他们逃跑。农场还养恶犬几十头，偶然有人逃跑，就把狗四下放出，以嗅气味寻捕，十个中没有一个能够幸免。逃工被找到了就被犬咬着拖回来，农场主用手枪将其打死。没有拖回来的也最终被咬死，或者用火烧死，或者放在水牢中泡烂而死。有一农场主尤其残忍，杀死的华工数千百计。他将积下的死者颅骨砌成花台，俨然作为炫耀武功的京台，多么残酷啊！我们查视之后，回到秘鲁首都利马，曾经请求公使多次向秘鲁当局讲理，大声呼吁，指责他们的不人道行为。秘鲁当局对此也深表歉意。无奈各个农场主都是各邦寄居者，各凭借本国的兵力以自我保护，拥有巨财，聚集兵众，俨然有分藩割据的势头。政府责问他们的文书，被视如一纸空文。如果派兵讨伐，而秘鲁首都只有兵员三千，怎么能够成事？所以秘鲁政府只好谨慎推辞。我激动地请求公使组建中国华工团练，枪械装备由绅士商人捐资筹备。这时正是秘鲁混乱时期，各国都创立军事组织，并不是只有我国独有，秘鲁当局一定会允许的。我愿为团练练总，每星期天督操，教他们行进队列。只要有精壮兵士三千人就足以前往讨伐罪魁祸首，即那将华工头颅筑为京观的人，摧毁他的地盘，将土地归还给当地政府。随即按道里远近安排华人，把寄居他乡的华人变为当地的土著居民。罪魁祸首已经伏法，别的农场也应有所畏惧震慑，会改苛刻为宽大……

（陈敏辉）

记日本议论中国创设海军事

1884年中法战争结束，清政府被迫再次积极兴办海军，引起了日本的种种反应。作者时经日本，便记述了日本国会议员对此的议论，并借日本人副岛神臣的话，批评清政府因循苟且安于现状的心态。

昔从美洲回经日本小憩征尘，养疴于摩崕山客馆①。时值中法和议既成之后，中国乃憬然有贼去关门之虑②，为亡羊补牢之图。创设海军衙门，宏议之伟辞，纲目条举。日本闻而大惧，乃开议院集众诹咨③。院长之言曰："中国向来武备不振。今法越战局已毕，反蹶然奋发设立海军④，窃料其未必能报法耻，特恐有事于海东，则我国首被其锋，是不可以不亟图所以御之者也。"于是群议蜂起。有谓宜联中国为援者；有谓援不足恃，不观安南属土且不能终保者；有谓宜大振海军以先发制人者；有谓宜于各险要海口坚筑炮台，以固守备者。纷纷扰扰，哗然如蛙鼓之怒鸣也。忽有元老院中一大员伛偻而起⑤，排众而前，微笑而陈词曰："诸君且无哗，其各缄尔喙⑥，静听老朽之一言。诸君所论非不忠于国，切于事，有益于武备。然必谓中国海军之可虑，则实不足以知中国也。盖中国之积习，往往有可行之法，而绝无行法之人，有绝妙之言而断无践言之事。先是以法人之变，水军一旦灰烬，故自视怀惭，以为中国特海战未如人耳，若陆战固不畏尔犬羊也⑦。于是张皇其词，奏设海军衙门，脱胎西法，订立海军官名及一切章程，条分缕析⑧，无微不至，无善不备。如是而中国海军之事亦既毕矣。彼止贪虚有其名，岂必实征其效哉？又何曾有欲与我日本争衡于东海之志哉。诸少年其休矣，奚必抱此杞忧为也。⑨"于是院长及议员群起拱立揖元老而退。其人名副岛神臣，盖以日国天潢之贵⑩，曾尝持使节于中华，通华言，工汉文，能诗书，其于我中国情形知之

① 征尘：旅途上的风尘，喻旅途之辛劳。养疴：养病。

② 憬然：憬，觉悟。

③ 诹咨：诹，商议。咨，（商定）咨询。

④ 蹶然：急遽貌。

⑤ 元老院：日本明治天皇时期的立法、咨询机关。于1871—1891年设立，曾被确认为立法机关，但实际仅起咨询作用。伛偻：脊背向前弯曲。

⑥ 喙（huì）：原指鸟兽的嘴。在此借指人的嘴。

⑦ 犬羊：对外国侵略者的鄙称。

⑧ 条分缕析：缕，细线；析：分剖。比喻有条有理，深入细致地进行分析。

⑨ 奚必：何必，为何一定。杞忧：即"杞人忧天"。比喻不必要的或无根据的忧虑。

⑩ 天潢：星名，古时以"天潢"指代皇族。

最熟者也。余既闻彼议院之论如此，抚膺三叹[1]，夙夜不能忘。今读罗浮山人之《盛世危言》[2]，有论海军规则，姑撮前所闻附记于后，冀为有心国是者，借他人之针砭愈自己之沉疴[3]，则副岛斯言又未尝不可视为忠告也。

译文

以前从美洲回国经过日本稍作休息，因劳碌辛苦，在摩崕山宾馆养病，那时正是中国和法国议和之后，中国于是有了贼去关门的觉悟，做亡羊补牢的打算。创立海军衙门，做宏伟的拟议，大纲细目逐条列举。日本知道后大为恐惧，于是议院开会召集议员进行商议。院长发言说："中国一贯国防空虚，当前法国和越南的战争已经结束，反而迅速奋起创设海军，我私下认为中国不一定能够报复法国给它带来的耻辱，只是担心它向东洋寻求发展，那么我国是首当其冲的，这不能不赶紧考虑怎样防御它。"于是，大家议论纷纷，有的说应联合中国为援助；有的说援助不可靠，没有看到它的藩国越南最终仍不能保存领土吗？有的说应该大力振兴海军以便先下手为强；有的说应在各地势险要的海口修筑坚固的炮台以巩固守备。纷纷扰扰，喧哗之声如青蛙怒鸣一般。忽然元老院中有一驼背官员起立，分开众人向前，面带微笑发表讲话说："各位暂且不要喧哗，先闭上你们的嘴，安静地听老朽我的话。各位所发的言无不是忠于国家、切合时势、有益于国防的议论，但是一定说中国海军值得担心，实际上还是对中国不够了解。中国长期以来的弊病是往往有可以实行的良法，而没有实行良法的人，有精辟绝妙的言论而绝对没有实践言论的行动。最初，因为

① 抚膺：捶胸，表示怅恨。
② 罗浮山人：郑观应的别号。郑观应，广东香山（今中山）人。
③ 针砭：古代泛称针刺与砭刺出血治病的方法为针砭。比喻规诫过失。沉疴：重病，久治不愈的病。

法国侵越事件，中国福建水师被消灭，所以自己觉得惭愧，自认为中国只是海战不如别人，但如果是陆战，必定不怕你们这些犬羊。于是发表夸大其词的言论，上奏请求设立海军衙门，沿用西方法度，制定海军官制以及一切海军章程，有条有理，处处考虑周到，各方面也很完善。像这样中国海军的创立事宜到此也就完了。他们只是贪图虚名，怎么会实实在在地追求其成效呢？又哪里有过与我们日本争霸于东海的壮志呢？各位年轻人，算了吧，何必杞人忧天呢？”于是院长和其他议员一齐起立向元老行礼退下。那个元老的名字叫副岛神臣，曾经以日本皇室的尊贵身份到中国出任使节，懂华言，精通汉字，能做诗，善书法，对于我国的国情了如指掌。我听了他在议院所发表的言论后，捶胸叹气，日夜不能忘怀。现在读郑观应的《盛世危言》，有论及海军的文章数篇，姑且摘取以前所听到的附于后面，希望有志于国家大计的人，借用他人的针砭来治愈自己的重病，那么副岛的那番话，又何尝不能为一种忠告呢。

（陈敏辉）

钟天纬

钟天纬（1840—1900），字鹤笙，江苏松江（今属上海）人，中国近代教育家。曾游历欧洲各国，考察西方学术政治，毕生从事翻译和教育工作。

格致说

在这篇文章里，作者着重介绍了西方格致学四大伟人：亚里士多德、培根、达尔文、斯宾塞的生平和成就。此文有助于当时的中国人进一步接触西方的学说，增进对西方文化的了解。

格致之学，中西不同。自形而上者言之①，则中国先儒阐发已无馀蕴②；自形而下者言之③，则泰西新理方且日出不穷。盖中国重道而轻艺，故其格致专以义理为重④，西国重艺而轻道，故其格致偏于物理为多，此中西之所由分也。然其实言道而艺未尝不该其中，言艺而道亦究莫能外，其源流，固无不合也。自汉以来，中国讲格致者，如郑康成、孔颖达诸儒⑤，不止数十家，其中纯驳不一，而要皆以义

① 形而上：指无形的或未成形体的东西，即“道”、“精神”。
② 馀蕴：馀，遗存、遗留；蕴，深奥之处。
③ 形而下：指有形的或者形成的东西，即“器”、“物质”。
④ 此指中国古代讲求经义，探究名理的学问。
⑤ 郑康成：即郑玄，字康成，东汉经学家，北海高密（今属山东）人。孔颖达：唐经学家，字仲达，冀州衡水（今属河北）人。

理为主，从无兼涉今之西学者。然无心之暗合，亦往往而有之，其说理精深，颇非西儒所能及。然由今观之，犹西国古时希腊之大儒，其源流亦不难偻指数也①。请申论之。考西国理学②，初创自希腊，今有三类：一曰格致理学，乃明证天地万物形质之理；一曰性理学，乃明证人一身备有伦常之理；一曰论辩理学，乃明证人以言别是非之理。其初创所学者，后人即以其名名其学，而阿庐力士托德尔实为格致学之巨擘焉③。阿君，希腊人，生于耶苏前三百八十四年，初与名士巴雷陀共学者二十年④，后到雅典设塾行教者十三年，至六十三岁疾终于楷雪斯地方⑤。生平著书一百四十六种，惜大半散矣，现存十九种，各国文书院无不什袭珍藏⑥。另有十六种则世人疑为后人所伪托，然亦为根据格致之说。晚年十三载所著之书，囊括一生所著之事，语皆精粹，不涉惝恍之谈⑦，人皆信为实录。综其平生，无一种学问不为思虑所到，可谓格致之大家，西学之始祖。已越二千零三年，始有英人贝根出而尽变其说⑧。贝根，英之伦敦人，父母俱有大名，叔为英相。贝根年十三人太学肄业，厌弃旧学，即有超然独立之概。其后久历宦途，因案削职，乃专心于格致之学，所著大小书数十种，内有一卷论新器，尤格致家所奉为圭臬⑨。其学之大旨以格致各事，必须有实在凭据者为根基，因而穷极其理，不可悬一理为的，而考证物性以实之。以是凡目中所见世上各物，胥欲格其理而致其知。所著诸书，原原本本具有根柢，儒士见之，宛如漆室一灯，因之名声

① 偻指：屈指。
② 理学：即“道学”。原指宋明儒家哲学思想，在此指西方的伦理哲学。
③ 阿庐力士托德尔：即亚里士多德（前384—前322）古希腊哲学家。此文中又称阿君。巨擘：大拇指，比喻杰出的人物。
④ 巴雷陀：即柏拉图（前427—前347），古希腊哲学家，柏拉图学派的创始人，亚里士多德的老师。
⑤ 楷雪斯：即哈尔基斯，希腊城市，在爱琴海中的埃维亚岛西部。
⑥ 什袭：亦作“十袭”，把物品重重地包裹起来。什：言其多。袭：重叠。
⑦ 惝恍：迷迷糊糊，不清楚。
⑧ 贝根：即弗兰西斯培根（1561—1626），英国哲学家。
⑨ 圭臬：圭，测日影器；臬，测日景定方位的表。合指衡量事物的准则。

大著。迨一千八百零九年而达尔文生焉。达文①，英之塞罗斯玻里人②，祖为医生，父为格致家。幼入公塾，聪慧绝伦，及长入苏格兰壹丁培格大书院读书③，得入选。后随英国兵船环地球测量绘图，并研究动植物、舆地等事。返游至英国，凡天下所有格致博物等，无不邀请主盟，屡得金牌等奖赏。一千八百五十九年特著一书《论万物分种类之根源并论万物弱灭强存之理》，其大旨谓凡植物动物之种类时有变迁，盖非缔造至今一成不变。其动植物之不合宜者，渐渐澌灭；其合宜者，得以永存，此为天道自然之理。但其说与耶苏之旨相反，故各国儒士均不服其言。初时辩驳蜂起④，今则佩服者渐多，而格致学以此大为改变，此亦可谓千秋崛起之人也。至于施本思名赫白德⑤，生于英国豆培地方⑥，小于达尔文者十一举。生平所著之书，多推达文所述之理，使人知生活之理，灵魂之理。其书流传颇广，其大旨将人学而确可知者确不知者，晰分为二。其所谓确可知者，皆万物外见之粗质，而外物之精微则确有不可知者在也。夫万物精微本亦一物，而无形无体之可见，及其化成万物皆已昭著于人之耳目，故格致家得诸见闻而测知之。至若圣教之所言上帝，格致学之所记原质，虽非人思力所能知能测，而要皆实有，更无疑义。且万物化成既皆原于此无形可测之一物，则此一物为本，而万物为末，明矣。施本思所论大率如此。近人译有《肄业要览》一卷⑦，即其初著之书也。此四家者实为中西格致之大宗，其派衍源流犹我中国汉儒、宋儒之别，将来新理日出，正不患无继起之人也。

---

① 达文：即达尔文（1809—1882），英国博物学家，进化论的奠基人。

② 塞罗斯玻里：即英国希罗普郡施鲁斯伯里。

③ 壹丁培格：即爱丁堡，英国北部城市，苏格兰首府。

④ 蜂起：纷纷而起，如群蜂乱飞。

⑤ 施本思：即赫伯特·斯宾塞（1820—1903），英国社会学家，哲学家，早期进化论者。

⑥ 豆培：即英国多佛。

⑦ 《肄业要览》：即《群学肄言》。

译文

自然科学方面，中西方存在着差异。以超越形器之上的道来讲，中国先前的学者对此已阐述得十分彻底；以形器物质来说，西方各国所发现的新理论还在不断涌现。大体上中国重伦理纲常而忽视科技，所以它研讨物理专门以讲求经义、探究名理的学问为重点。西方各国重视科技而轻视伦常义理，所以它们的自然科学多偏重于对事物原理的研究。这是中西方不同之所在。然而实际上讲求义理，而形器物质未尝不包含其中；讲求科技，而义理也终究不能排除在外，它们的源流本来就不是矛盾的。自从汉朝以来，中国研求事物之理的人如郑康成、孔颖达等学者，不止数十家，他们的主张或纯粹或驳杂不一，然而主张的核心都是以讲求经义，探究名理的学问为主，从来没有涉及当今的西方科学。然而也有无意的巧合，它们阐述道理的精深程度，是西方学者所不能达到的。但是从现在看来，就像西方古代希腊各大学者，他们的学术源流并不难一一说清楚。请进一步申说。查考西方国家的理学，开创于古希腊，今有三类：一是科技理学，就是阐明、研究世界物质的规律；一是性理学，就是阐明研究人所应遵循的道德准则；一是辩论理学，就是阐明、研究人以言谈来辨别是非的规律。后人就以学说创始人的名字来命名他的学说。亚里士多德实际上是自然科学方面的杰出人物。亚里士多德，希腊人，出生于公元前 384 年。起初师从著名学者柏拉图学习了 20 年，后来到雅典开设私学任教 13 年，到 63 岁时，病死于哈尔基斯。他一生著书 146 种，可惜大部分散失，现在仍存有 19 种，各国大学都将其作为珍本收藏；另有 16 种现代人怀疑是后人伪造的，但也是属于自然科学学说。在他晚年的 13 年里所著的书，包括了他一生所研究的课题，所讲都极精妙，不作模糊的论说，人们都相信他的理论是翔实可靠的。综合他的一生，没有一种学问没有思虑到的，可称得上是自然科学的泰斗，西方学说的创始人。过了 2003 年，出了一个名叫培根的英国人，他彻底改变了亚里士多德的学说。培根，英国伦敦人，父母都有很大的名声，叔叔是英国首相。培根 13 岁进入皇家学院修习学业，不满于旧的学说体系，有超然独立的气概。后来长期居于官场，因某案件牵连而被免职，于是专心致力于自然科学研究，所著的书大小几十种，其中有《论新科技》一卷，尤其被从事科学的学者奉为经典之作。他的主要学术观点认为自然各方面必须以实在的根据为基础，从而深究事物内部的规律，不可以先设想出一个规律为据点，再寻找根据去证明它的正确性。因此凡是眼睛所见的世界各类事物，都想推究其中的规律，而得到真正的知识。他所写的每一本专著都有根有据，学者们读了他的书，透彻明了，犹如一盏灯照亮了原来漆黑一团的房间，因此他变得赫赫有名了。到了 1809 年，达尔文诞生，他是英国施鲁斯伯里人，祖父是医生，父亲从事自然科学研究。达尔文年幼时上学读书，聪明伶俐，年龄稍大后到苏格兰爱丁堡大学攻读，此后跟随英国军舰环绕地球测量绘制地图，并且研究动植物学、地理学等。回到英国后，国内所有的学会都请他主持，他多次获得金牌等大奖。1859 年专门撰写了《物种起源》一书，其主要内容说动植物的种类是随着时间发生进化，并不是天然生成后到如今一成不变。那些不适应自然环境的动植物逐渐灭绝，适应自然环境的，便得以世代繁衍，这是大自然的规律。但是他的学术观点与基督教的宗旨背道而驰，所以各国众多学者不相信他的理论。一开始时，反驳之声纷纷而起，现在信服的人渐渐多了起来，而自然科学的面貌也从此发生了重大的变化，他也可以说是千年来崛起的一位伟人呢。至于赫伯特·斯宾塞，生于英国的多佛，年纪小达尔文 11 岁。他所著的书，大多是基于达尔文创立的理论加以发挥，使人们知道人类社会生存的规律、思想的规律。他的书流传相当广泛，其主要内容是把人类的学问明确地划为两种：确实可知的和确实不可知的。所谓确实可知的，都是世界万物外观上可以见到的外形，而事物的精细隐微的存在则是不可知的。万事万物的精微原本也是一事物，然而没有形体可以看见，待到它们化成万物则都已经为人们所耳闻目见，所以自然科学家能从各种听到的和看到的现象探知它。至于像基督教里说的上帝，自然科学所论及的事体根本性质，虽然不是人的思维能力所能够知晓所能够探测的，但总都是实际的存在，这是毫无疑义的。世界上的万物演化形成既然都是源于无形可测量的一种事物，那么这一事物为本，而万物为末，是很清楚的。斯宾塞所论述的大概就是这样。近来有人译出《群学肄言》一卷，就是他最早所著的书。这四个人物实际上是世界自然科学的大家，他们派别的分化演变，类似我中国汉学和宋学的区别，以后新的理论会不断涌现，正不必担心没有后继之人哩。

（陈敏辉）

容闳

容闳（?—1921），字纯甫，中山县人，早期留美学生。曾筹划第一批留美学生出国，任留美学生副监督，驻美副公使。

请创办银行章程（节录）

1895年，容闳回国为张之洞赴伦敦寻求借款。不久，北上筹建银行和铁路。这个章程就是这时候草拟的。内容分银行总纲四条和总行章程十二条。本章程是仿效美国银行章程而拟定的。

银行总纲四条

一、开办事权。银行昉自泰西英法诸国，屡经改章，愈变愈精，要以美国为最善。日本银行亦多采之。今拟参仿美国银行章程，先设总行于京都，续设分银行于各省城及通商口岸。总银行资本以一千万元为额，统由户部筹拨，钦派大臣督办并专派大员总办。分银行即由督办、总办陆续招商集股择地开设，所有总行、分行一切应办事宜，随时拟定，咨明户部办理。

二、印发券票。泰西有国债券，无论数千百万，皆由银行筹缴。今息借商民之财而给以凭据，名为借券，银元通行市面代以纸币，名为银票。此两种均由总银行用机器制造，或暂时先往外洋定造。借券年息五厘，以备各分行缴银领券。凡有商民愿买，亦可照领。银票照资本定额，如以一千万元为本，应提六成六百万元存库，此六百万元中又以八成制为银票，计四百八十万元。票内载明有库款存抵，本多票少，随时兑现，与空出纸币者不同，自无折阅之虑①。通行各省可抵钱粮，缴归藩库②，即可作京饷起解。开办之后，京外流通，资本愈厚，即照章加发银票。该票之钢模定錾③，纸张定造，经数十手而成。正面华文，背面西文，花纹工细，断难仿冒，仍由户部编号加戳，然后通行。每月已未发各若干，详注册簿。发出银票，设或日久损破，准换新票，所缴旧票，照明号数，对众销毁。

三、扩充分行。总行既拨官款，分行应招商集股。京都繁盛，可设分行数处，各省会暨通商大埠，如上海等处，次第招商开设。泰西因领用券票，称为国家银行。今请设立牌号④，称为某某官银行。如集股十万，应先缴银三万元，给以借券，如缴银之数。股本多，则借券递加，总合股本三分之一为度。此项借券于各处开银行官市时仍缴存总银行，掣给凭单，每年给与年息五厘。核照所缴借券之多寡，减成另领银票，所减成数又以股本多寡酌定等差⑤。股本五十万以下者，照所缴借券领银票九成；五十万以上者，八成；百万以上者七五成；三百万以上者六成。如此则股本愈多而所领银票之成数愈减。此项银票需用若干，系于总银行额设四百八十万元银票之外另行随时印造。万一分行亏折，已有存总行之借券抵偿，且为数多于银票，除抵偿外，尚有馀款以备派员查账等用。再有盈馀，仍结给还各股商。并照西例，凡银票、存项、股本，年正月、七月收税两次，每次通扯银票

---

① 折阅：亏损本钱，此处指贬值。
② 藩库：指布政使司的库藏。明清各省均设布政使司库，贮存各州县岁征的田赋、杂赋银两。
③ 錾（zàn）：雕刻。
④ 牌号：此处指银行的名称。
⑤ 等差：级次。

已用出者，收税五毫，存项二毫半、股本二毫半，合并一厘，两次共计二厘，收税极微，与生意无碍。其馀未领借券之票号、钱庄，如有愿改官银行者，亦准缴银领券，一律办理。其牌号悉听照旧，无庸更易。

四、兼管制造。现在铜钱日少而金银两品尤阙，拟由京都总银行铸造金银钱。近日金钱一项，外洋交涉渐多，其分两、成色务与西式一律①，庶中外通行，不致因金价、先零而折阅②。审是则需金日多，金砂宜尽力开采。土法淘洗，所得无几，宜聘请矿师，购机器广开，以期迅速。所出之金统运京都铸钱，不得私售出洋以杜漏卮③。此中收回利权不少。若矿金不敷鼓铸，自可稍待机宜，且先铸银元以便民用。现查各省官局已铸银钱，其成色高低务宜一律，设有参差，关系甚大。请饬将各省新铸式样送总银行查验。其每年共铸若干数目，亦须咨报以凭稽核。

译　文

银行总纲四条：

一、开办事权：银行的开设，创始于西方英法等国家。经过多次改革，越来越精练扼要，其中以美国最为完善，日本银行也多采用它的方法。现拟参照和仿效美国银行章程，先设总行于京都，接着设分行于各省会及通商口岸。总行资本以一千万元为定额，全由户部筹划拨给，朝廷派大臣督办并专派高级人员总办。分银行即由督办、总办陆续招商集股，择地开设。所有总行、分行一切应办事宜，随时拟定，呈请户部办理。

二、印发券票：西方发行国债券，不论数千百万，都由银行筹措

① 成色：指金属货币的金属纯度，以千分比表示。
② 先零：即先令，英国旧辅币名。
③ 漏卮：渗漏的酒器。后借以比喻利权外溢。

缴收。现按息借商民钱而给以凭据，名为借券。银元通行市面用纸币代替，名叫银票。这两种均由总银行用机器制造，或暂时先往国外定造。借券年息五厘，以备各分行缴银领券，凡有商民愿意购买，亦可照领。银票照资本定额，如以一千万元为本，应提六成六百万元存库，此六百万元中又以八成制为银票，计四百八十万元。票内写明有库款存抵，本多票少，随时可兑现，与只出空头纸币者不同，自然没有折本（贬值）的顾虑。银票通行各省，可抵钱粮，缴归布政使司的库藏，即可作京饷解送。开办之后，京外流通，资本愈厚，就按照章程加发银票。该票之钢模定刻，纸张定造，经数十道工序而成。正面印汉文，背面印外文，花纹精细，绝对难于假冒。仍旧由户部编号加印戳，然后通行。每月已经发行和尚未发行的各有多少，都详细登记在册。发出的银票，如果有的日久破损，允许更换新票。所缴旧票，核对号数之后，当众销毁。

三、扩充分行：总行已拨官款后，分行应招集商股。京城人多，可以设分行多处，各省会及通商大口岸如上海等处，也陆续招商开设。西方因领用券票，称为国家银行。现请设立牌号，称为某某官银行。如集股十万元，应先交银三万元，给与借券，与交银之数相等。股本多，则借券递加，共计以合股本的三分之一为限度。这项借券在各处开银行官市时，仍缴存总银行，发给凭单，每年给予年息五厘，按照所缴借券的多少，减成另领银票。减少的成数，又以股本多少，酌定等次。股本五十万以下的，按所缴借券领银票九成；五十万以上的八成；百万以上的七五成；三百万以上的六成。这样，股本越多，而所领银票的成数相应减少。此项银票需要多少，在总银行额四百八十万元银票之外，另行随时印造。万一分行亏折，已有存总行的借券担保，而且为数多于银票，除抵偿外，还有馀款以备派员查账等用。再有盈馀，仍旧还给各股商。并按照西方惯例，凡是银票、存款、股本，每年正月、七月收税两次。每次通发银票已用出的，收税五毫，存款两毫半、股本两毫半，合计共一厘，两次共计两厘，收税极轻微，对于生意并无妨碍。其馀未领借券的票号、钱庄，如愿改为官银行的，也准予缴银领券，一律办理，那些牌号都照旧，不必更改。

四、兼管制造：现在铜钱一天天减少，而金银两种货币尤为紧缺，拟由京都总银行铸造金银币。近来金币一项，外洋交涉逐渐增多。金币的分量、成色一定要与西方的一致，希望在中外通行时，不致因我金价与英镑先令的折缺而亏损。从这看来，金的需要量会日见增多，金矿宜尽力开采。土法淘洗所得不多，宜聘请矿师，购买机器，广泛开采，以期迅速取得效果。所开采出来的黄金，全部运往京师铸币，不得私售出口，以杜绝利权外流，这里面可以收回不少利权。若生产的黄金不够铸造，自然可以稍等机会，暂且先铸银元，以方便百姓使用。现查各省官办银元局已铸银元，其成色多少，应该一致，假如不一致，关系甚大。请令他们将各省新铸银元式样交总银行查验。其每年共铸多少数量，也必须呈报总行，以便总行稽核。

（孟　莉）

邹 弢

邹弢，生平不详。

风俗考

在本篇文章中，作者分析了世界五大洲不同国家、不同民族各自独特的风俗。既有对西方各国（法兰西、英吉利、俄罗斯等）风俗民情、政治制度的评论，也有对亚、非、美、澳各洲某些部落土人的风俗习惯的介绍，进而认为风俗的好坏与政治的得失是一致的。

太初獉狉成[①]，风俗尚简陋。圣人代作，渐启文明，教化所施，感通甚捷，心思智巧，日牖聪明。有通方者，有拘方者，俗尚因之而更变。观风俗之明昧，即以见政治之得失。泰西各国政治民情日进于上，故富强之道如日方升。昔中国特差游历人员前往考察，輶轩所至[②]，汇为成编，兹不必会通考校，仅志一斑，可见其馀。若阿非利加、亚美利加二洲，南洋及亚洲各处，其风气有已开、有未开者，均连类及之，亦采风问俗者之一助也。

土耳其人气性刚强，悍勇犯难，视生死于度外，而然诺必践，未

① 太初：太古时期。獉狉：同榛狉。草木丛生，野兽出没，形容远古未开化状态。
② 輶轩：轻车，使臣所乘之车。

肯失信于人。遇贫乏者，必哀矜之，周助银物无吝色。举国奉回回教，每日沐浴跪祷五次，岁有长斋期一月，而开晚食极早，日未堕崦嵫①，则相戒不敢求口实。间有天主耶稣教人，回人深恶之。国中服制，首多不冠，以布缠之，衣长袍可五尺，席地趺坐②，卧无床，以藤榻代之。入室必脱履于户外，室内几人，视履数可悉。饮食以手捞取，不用箸、叉、刀、匙。亦嗜阿芙容，形容憔悴。婚事一男可娶数女。政体君主自专，治无定律，民不从者，罪之，或刎其首③，或籍其家。民多嬉游，制造行商者不可多得。国库岁入五千一百六十六达列尔④，岁出五千二百六十达列尔，国债二亿三万九千一百五十七达列尔。苏尔且所居宫殿极宏丽⑤，民尊之，称曰“神影”，又称日月为兄弟。次等苏尔且管理教事；再次则为宰相统兼文武，国中刑赏诸大政皆听之。遇战，宰官亲自交锋，不肯畏避。宰官以下官员，只有三等，其品级以执马尾条数分，以次而杀⑥，马尾一条者，为极卑之官。苏尔且妃嫔五六百人，而宠者不得逾七人之数，然虽获宠，仍不得以伉俪自居，盖尊卑相悬，无匹敌之理也。

法兰人聪明桀骜⑦，为欧洲难治之国。盖自高卢敌抗罗马哥鲁义开展版图⑧，沙立曼推倒全欧⑨，国人争化其风，天性好斗，且豪爽自喜，终日歌舞无戚容⑩。京城不及伦敦，而富丽直驾其上，王穷极

---

① 崦嵫：古代指太阳落山的地方。
② 趺坐：双足交叠而坐。
③ 刎：用刀割脖子。
④ 达列尔：古代土耳其的一种货币单位。
⑤ 苏尔且：即苏丹。伊斯兰教国家的君主、统治者。
⑥ 杀：降，减。
⑦ 桀骜：倔强。
⑧ 高卢：欧洲古地名。主要包括两部分，一是阿尔卑斯山以南，相当意大利卢比孔河以北的波河流域；二是阿尔卑斯山以北，相当于莱茵河以西今法国、比利时、卢森堡及荷兰、瑞士的部分地区。哥鲁义：恺撒。
⑨ 沙立曼：即查理曼（约742—814），是法兰克王国加洛林王朝国王（768—800），查理帝国皇帝（800—814）。在位期间，国土西临大西洋，东至易北河及波希米亚，北达北海，南抵埃布罗河及意大利中部。
⑩ 戚容：悲哀的样子。

奢侈。国人文教在欧洲上中之间，而思虑精明，工于制造，每人授田不过数亩，而专事耕耘，衣食常足。出葡萄佳酿，大呢绸缎，各宗不必往涉重洋可得巨利。惟国多私党，仇杀相寻，无所顾忌。其君民礼制，大略与英国相同，所殊无几。

英吉利人心计精密，作事坚忍。国中男女兄弟均分父母之产。男不得娶妾，犯者流七年。宾主相见，以脱帽为恭，各伸右手相握。跪礼最重，惟拜耶稣天神行之，其馀虽见君王亦不叩首。尊卑杂坐无别。每年自爵员相臣以至人民之妻，皆入王宫游赏，或筵宴一次，君主必一一接见。或抱其腰，或执其手。宴时合座先起立，祝君主寿，颂以谀词，然后举杯，一饮而尽。国中各有舞戏、会猎之礼。舞戏者，跳舞之戏也。先数日折柬约定各人至斯，麇集以鸣琴，跳舞抱腰为乐。遇妇人在座，不能吸烟，当另赴吸烟客座吸之。会猎者，亦约友人同出赴猎，深山穷谷，必自亲历，往往携带其妻不嫌赘。俗以男女并重，父母之财子女皆得瓜分之。夫不能养妻，或妻携去之财为夫自用，可以控之官府，治夫罪。凡坐马车、火车、宴会，已嫁之女坐上位，未嫁之女坐下位，且未嫁者其发垂下，往往不编。有丧，父母为轻，妻室为重。孝服之制，只在帽上或领上缝无色狭绸布一条。吉服以白色为最。国中设婚姻局，凡有嫁娶，须入局捐得教师及国家执照，然后赴教堂行合卺礼①，男女各易戒指一枚，彼此亲自替戴。夏日，携其妻或至山林，或乘舟赴海乘凉。妇女在场，虽熟客不能过谑②。坐席时，夫妇每对坐，妇之左为第一座，右为第二座；夫之左为第三座，右为第四座。罪人刑罚由巴力门议院议定③。君位男女皆得嗣立，惟即位时以手按教书，自誓政治必循国例④。巴力门上议院

① 合卺：旧时成婚时的一种仪式。
② 过谑：过分地开玩笑。
③ 巴力门：即国会、议会。
④ 国例：国家宪法。

曰劳尔德士[①]，下议院曰高门士[②]，皆用本国人员，他邦及属地人不得与议。上议院员曰比尔士[③]，皆贵爵教长，或王亲拔下议院人员为之，年幼者皆不得与。下院皆百姓公举之人充之，凡欲造议员，须有身家之人，否得不得置喙[④]。国政必待王与两院皆合意，然后施行。巴力门会议王不与闻，惟聚散时亲临之。法制、财赋出入，用人行政，王与两院主之，并登报章宣示。所议之法必上于王，王不允，亦不能行，再行妥议。高门士之权过于上议院。政治不善，高门士可以抗违，并不纳税。上下院首长曰斯比格[⑤]，听众议而裁定之，以白于王。凡有一议，先书一纸呈斯比格，再集议，视可否多寡，必三议乃定。朝廷用人不得任私意，宜择巴力门所推重之人，用首辅亦然。首辅之下即上议院首院，名枢机协办大臣。其外更有五人，一治本国之政，一治列邦之政，一治藩属之政，一治军旅，一治阿尔兰[⑥]。禄俸惟执政大臣及伦敦牧守有之，地方官出于民选者无俸。刑法因时制宜，共衙门六所，凡定一罪，难乎其难也。

俄罗斯政由君主，执政者四部，一曰国会，会长一人，属员四十二人，各局宰相及王族与之，职掌关白万几[⑦]，监督诸政，兼增损国律；二曰司律院，即上等刑审衙门，掌法律兼一岁出纳；三曰教法院，管理国中教务；四曰宰相院，院分内廷、外国、陆军、海军、国内、教育、会计、刑法、王室私邑、制造、监督十一司，各有宰相长官，每事奉行内阁政院旨意，不能如他邦之可以专权也。国中教务不甚专重，其馀风俗与欧洲大略相同，惟回教甚多。

---

① 劳尔德士：即贵族，文中指贵族院，是英国议会的上议院。
② 高门士：即平民院，是英国议会的下议院。
③ 比尔士：即上议院议员。
④ 置喙：插嘴。
⑤ 斯比格：即议长。
⑥ 阿尔兰：即爱尔兰。
⑦ 关白：禀告，通知。

五洲之中，有名澳削尼亚洲者[①]，俗名新金山，大半为英吉利属地。其本处风俗有可笑者。谓我人有一父居于云中，即为万物之父，能助万物生长，此父生有三子。又谓万物系极大之蛇，其后分为万物，太阳、太阴皆前古世上之人与别种有灵之物变化而成。有猝毙者，则举家大骇，群谓仇人用符术所致，须将仇人查出，致之死地，否则当一家尽毙，连累无休。其查之之法，将死者安葬高陇，拍击冢上之土，使之极平，倘有小虫各物行经其上，即视其足迹所向，卜仇人所止之方。如足迹向南则谓仇人亦在南方，凡居南方之人与死者有仇为生人所知者，即捕而杀之。设求之不得，则令戚友家人遍为物色，风声鹤唳，草木皆兵，有求至数千里外者。至于远近觅仇久，仍不获，则别用求仇之法。以食物潜布于地，人则默伺于旁，设有食其物而咯嗽者，即为仇人，乃伺隙杀之，或以他法捕治，务令其死而后已。故远近各地，无不寒心。又谓人死之后，其魂在本处者，能附人身，往来地上，每日居天上若干时，复降临地上若干时，不知其仆仆往来何所事也[②]。

澳洲昆斯兰土人皮色黝黑[③]，性凶鸷，杀人以食不足为奇。惟遇欧洲白人，皆以为此等改变之貌，以其死而复生，殊非容易。且谓人死之后高居于星宿之间，吾之祖若宗，虽相去千百年皆未死也，特远居他处海岛，多变为白人耳。所行丧事，夫死，妇以木炭捣屑和树油遍擦己体，又以利石自割其肤，血溢而止。毁伤之后，方行举哀。又或令人围尸而守，彻夜诵经。其围尸也。必使人数极多，拥挤无隙，盖恐敌人之魂并入尸内也。其丧事必用巫觋[④]，其欲极奢，倘所欲不遂，巫者将使人尸骨啮啮作声，或置之轮下推转，则土人大惧矣。

---

① 澳削尼亚洲：即澳洲或称之大洋洲。

② 仆仆：形容旅途劳累。

③ 昆斯兰：今澳大利亚的昆士兰州。位于大陆东北部，东临珊瑚海，北濒卡奔塔利亚湾，面积172.7万平方公里，首府和主要港口是布里斯班。

④ 巫觋：男女巫师的合称。

澳洲牛齐兰土人敬神之礼①，以背阴处草根置之筐中，悬之室内，然后欢呼。其族中首领由族中公选，极为郑重，以为首领为天宠所钟，其生也，手秉神权，死后必在神灵之列。所敬首祖名曰毛依，相传本处土人所居之地乃毛依从海中钓出。其初时则浑茫大水，空无所有耳。又谓人死之后必变飞鸟、蜘蛛、虺蜴等物②。天地间万物奇异之事，如潮、如雷、如电、如阴、如晴，风雨、地震皆名鸦拖耶。又名天曰朗弟，地曰巴巴。昔天地生有六子，一司武勇，一司野生食物，一司鱼虫，一司风雨，一司植物，一司林中枭鸟。有此六子，天地始各奏事③。其后六子意见纷歧，互相倾轧，天下遂不可合。又谓世之人除变各物之外，又有一种之人，死后可居天上或海中，随意游行，其馀各处皆不能至。

新金山萨魔亚岛土人谓④：古初洪水之时，世人皆寄居天上。洪水既退，人与神同降世间，故人心之中每有敬畏神明之意。其居家也，每将凶猛狞恶各像置之物上，如耕猎所获累累繁多，亦必置像其上，以防窃盗，以为人见此像则畏而不敢偷窃。苟有犯之，则犯者必为恶像所食，或染病而死。故土人之物往往置之屋外，置像守之，无敢私行偷盗者，亦习俗使然也。

澳洲漫迦雅土人谓天地万物之形如大椰之壳，内有一隙发生明光，本处之人居之。上有一处，其形凹下，凹处居一最大之神，名曰长寿。其下底根粗而且厚作尖式，有神名万生根者居之。尖底之下须茎丛丛，有神名成明者居之。以上三神皆生长万物，司理人民者也。壳内一女其大无外，名曰太初。一日，忽有人道之感，遂将左右胁肉各去若干，因生许多人鬼，管理山海、风雨、雷电等事。当其初，鬼

① 牛齐兰：即今天的新西兰（大洋洲的一个岛国）。
② 虺蜴：蜥蜴。
③ 奏事：事情得以进行，收到效果。
④ 萨魔亚岛：即萨摩亚群岛，地处太平洋南部。

神与人每托小鸟通达语言，惟鸟语啁嚓不能达意[1]。鬼神思得一劳永逸之计，遂派教师降生，与人通接。又谓本处土人所居之地，当初本有裂缝，缝中鬼影童童，常出为世人之祸。人死多入裂缝中经过方至阴间，皆被洞中鬼扰，为害不堪。先王某见而悯之，思舍身救人，遂跃入缝中，其缝顿闭，至今已无踪迹。又古时风俗，往往杀人以祭，凡欲祭某神，主祭、辅祭都预为商酌，择定诛杀某人，既择定即不能改，今此风已革除矣。

澳洲打细地方土人谓人死之后[2]，必被厉鬼攫至阴间，徐徐嚼食，其有一等之人不可食者，反令与众神为伍，相习既熟，亦渐变为神。其俗所尊贵者，曰阿罗，阿罗为万民万物之司，非杀人以祭，则不能得其欢心也。

澳洲三德桅枝地方有火山焉，土人以火神目之，奉之惟谨。每年定有赛会日期，至期，男女纷来，各停工业，尽竟日之欢。祭品以猪、鸡、龟、鳖、果实为之。凡献祭之物，人不敢食其馂馀[3]。祭祀之节，禁忌甚多，灯不火，食不饱，船不水，人不浴，除办庙中神事外，足不出门，鸡无令啼，犬无令吠。鸡犬之口，每以细绳系之，或以布束缚于内。虽贵如土王，亦不敢以手摩弄生物，违者必杀。土人又谓人有两魂，死后赴冥间者，为暗魂；见于镜中、水中者，曰明魂。

澳洲内地土人性残忍、凶鸷，无伦理。每喜杀人以食，尤喜食敌人及亲人之肉。食之者其有两意。食敌人之肉者，泄忿也；食亲人之肉者，恩爱也。人死，亲族乡邻次第来集，环立室内，家人割死者之肉分饲众人毕，然后自食。凡死者生平大有德望者，则死后食其肉者愈多。总之，人之贤否视食肉者之多少以为定。食肉尽者，则咸谓道

---

① 啁嚓：即啁哳，形容声音繁杂细碎。
② 打细：澳洲古岛国名。
③ 馂馀：吃剩下的东西。

高德重，尊贵无伦。故子若孙往往有强致不相干涉之人，以食乃祖乃父之肉者。倘死者之肉尚留有馀，则家人必忧形于色，以为其不能博他人之爱也。所事之神名曰睡妖。相传睡妖最为凶悍，其手大逾山岳，其身之长大可兼数洲，充塞天庭。惟因躯体过巨，故不能转动自如，终年惟昏睡不醒，不饥亦不食。俟世间劫运将至，睡妖自醒，乃将地球之人大嚼，尽食无遗，以供一饱。迨食人既尽，则睡起欠伸鼓腹，长啸巨跃，而世界亦即混沌矣。其俗男女未经婚嫁，可以任意居处，荒淫媟亵[1]，父母亦不能禁。若一经嫁娶，则为官属，凡官属之人，男女有分，他人皆不相犯矣。

阿非利加洲带痕火迷地方，土人奉祀最重要之神六尊：一曰火神，一曰阴神，一曰阳神，一曰蛇神，皆操人祸福赏罚之权。别有雌蛇神一千以为之配，有践蹈者为大不敬，司蛇教师可将其人立致死地，他人不能私议。一曰高而雅观神，司理树木及世人疾病。一曰海洋神，另有教师护之。教师极有重权，倘河海中风浪大作，则教师预备米、麦、豆、布、油五物，掷河海中，且祝之曰：凡尔怪物，咸听予言，飨此美物，速退勿前。殊足令人绝倒[2]。本处亦有土王风俗相传，残酷惨忍。王死，必杀男女五百名以为妻妾、臣工、侍役。自后无论何事，与已死之王相关者，必先杀数人，至少一人，以为通报先王之用。即先王宾客人宫吊奠，从此宫将入彼宫，亦必先杀一人为之前导。残忍如此，诚不解其何心。

阿非利加洲埃卑亚果他地方[3]，土人所奉之神，一名阿罗，一名善哥阿罗。一神常居树木深处，于章绿木随意安居，往往出而惊人。妇女行道至荒僻无人之处，倘有呼其名者，即为阿罗神所戏弄。妇女闻之，须遄奔而归避于室内[4]，否则必死。善哥神为此族创世之祖，

---

① 媟亵：轻慢。
② 绝倒：形容大笑，前仰后合。
③ 埃卑亚果他：即阿贝奥库塔，尼日利亚西南部城市，奥贡州首府。
④ 遄奔：迅速奔跑。

功成升天，游行无碍。其神善猎鸟兽，捕钓鱼虾，又娴战阵之事，遇善人必设法护之，若好猎者更能得其保护。其外又有一神名曰污鲁伦，译即天王之意，亦间有人信奉之者。

阿非利加洲西境代霍买国地方①，版图狭小，风气强悍。有男兵、有女兵，各自成队。女子初生，即报名注入军籍，至十七、八岁，按籍征入军中，教习战阵各技，临战时勇胜于男。所获敌人皆禁囹圄，俟良辰佳节而后歼之，各家闻有杀人，无不庆贺。王宫之中，骷髅累累，如悬灯然。寝宫遍铺敌人骨殖，多者为贵，若无此物，则居之者蹐不安矣②。

格凌兰得亦名青地③，岛名也，与拉伯拉岛相连④，皆在亚非利加及亚细亚两洲相连极北极寒之境。格凌兰得在北寒道纬线六十度至六十七度地方，辽阔共数万里，人类甚稀。此处土人曰衣司鸡母族⑤。北境凡有人类之地，以此地为止，过此则雪地冰天，绝无人至矣。然衣司鸡母已极严寒，雪山数千丈，终岁不融。拉伯拉在寒道纬线六十度至六十三度。此两处欧亚热道之人不能前往，惟身躯壮强者方可一游。土人以渔猎为生，凿冰山为窟其中，以鱼兽各皮以为居室，严寒皆藏室中。其室半露地面半藏地中，如深洞。然土人性情坦直，心气平和，所得大鱼大兽，必分给同族，不肯自私。虽其人未与捕猎之役，亦得分其所馀。惟小鱼小兽以为私物，不必分给。其族无尊长，亦无君王，然彼此相安，从无争执之事，无怀、葛天之民⑥，不啻相类，诚近世之桃源也。

---

① 代霍买国：非洲古国名。
② 喝嗜：同跼蹐，形容畏缩不安。
③ 格凌兰得：即格林兰岛（文中所指可能有误），地理位置应该在北大西洋与北冰洋之间，以德维斯海峡与巴芬湾及北美大陆分开。
④ 拉伯拉岛：应该是拉布拉多半岛。加拿大东部半岛。东南以贝尔岛海峡与纽芬兰岛相隔，面积140万平方公里。
⑤ 衣司鸡母：即爱斯基摩人。
⑥ 无怀：无怀氏。葛天：葛天氏。都是传说中远古帝号。其治不言而自信，不化而自行，是人们理想中的自然、淳朴之世。

婆罗洲人胸前必钻细孔，如蜂房，以为插花之用。亦不知火器，只有弓矢刀枪。每杀一人，必将首级提归家中。男子未经杀人，则众人皆以为弱，鄙夷唾弃，弗与联姻。故生子至十三、四岁，父母即教以操刀杀人，所犯命案愈多，则谓有勇。然所杀者，多系敌人，故见家室内骷髅如贯珠者，方谓荣显之家，咸啧啧称道不置。其土人最重梦兆，梦即罢工，特召巫者卜之，名曰的押。其的押有二：一曰海的押，一曰陆的押。所奉之神，其名不一，总神之名曰吐情，皆为和平慈善，故人喜近之。

苏门答腊巴丁族中，人多愚昧，谓世上有上等大神三：一皇天，一后土，一空气。其下等之神最繁，亦最恶。下等神中有四神，各占一山，人间祸患皆此四神主之。

阿非利加洲东自桑西巴尔起[①]，至赤道止，民无鬼神，不知天堂、地狱为何解，又无灵魂之说。但奉一神名姆伦古，专司雷电、空穹、疾病等事。倘患头痛，则以为先父冥中示罚，乃以食物置树叶之上，向空祭之。疑人有罪，则令自服毒药以试之，服之而吐，则谓无罪；服之而死，则谓有罪；服之不吐亦不死，则谓其恶更甚，而弊更大。虽鞫讯、讼诉，胥用此法[②]。阿洲西境亦然。又阿洲港沟河与加本河阿的生族中之人[③]，每逢兵战，先获敌人数名，最少一名，杀于军中，取其心血，和野草数种煎汤，饮从未经战之人，以壮其胆，而坚其体。若不饮此，则谓杀人之后，被杀之魂必来滋扰加祸。至加本河地方教师，更有分身之术。在此处言语，他人闻之，如在他处作声也。

阿非利加洲合丁突地方，土人最为愚蠢。人病将死，只留一息，则家人即将病者任意摇撼簸弄，或以足蹴踏翻腾[④]，死而后已。死后

① 桑西巴尔：即桑给巴尔。东非古国，是今天坦桑尼亚的另一个部分（今天的坦桑尼亚由坦噶尼喀和桑给巴尔组成）。

② 鞫讯：审问。胥用：皆用，都用。

③ 阿的生：非洲一土著民族的名称。

④ 蹴踏：践踏。

向其耳畔高呼其名，数其罪而詈之。又有一种之人，闻雷则以为恶物所发之声，必向空甲申讥詈①。苟见电光，则抛掷旧靴以为抵御。行经墓旁，则将石块或指甲少许置之冢颠，以邀福佑。遇群鹿行旷野，或途中见小虫一簇，亦皆为神，叩拜惟谨。本处又有一等专究天时之士，天气阴晴雨雪，必预先告示，倘所告不应，则必为人逐之境外。又阿州打吗那族中，首领亦间有作教师者。女则为女教师，以保护民物者为主。其言曰：民物之生当初，有大树一株，令人出而为人，令物出而为物，以后孳生蕃息，充塞世间，其实肇基于一树也云云②。此处至今常有大树数株，蔽日参天，人不敢伐，视之甚虔。树中有一神，曰阿马若罗，专司降雨，心爱下民则降雨，否则久旱矣。祭祀所用之火，曰明火，最为敬重。明火周年不息，人苟不慎灭之，则谓天神降祸下民，须宰牛数十头祭之，其火始可复燃也。人病垂危，虽家人戚友，无人肯入病者之室，必令人将死者曳出堂外，使之速死。临死则以牛皮衣之，不知何故。

亚美利加洲秘鲁、墨西哥内地土人风俗，娶妻无定，有数十妻者，有百馀妻者。其全洲内地之人，分为四种土人，曰鸭不辣经族；曰巴西族；曰不打哥尼亚族；曰非利哲刑族。俗尚文身，杀人多者，则胸前所纹五色斑斓，杀人少者，文身亦少，不纹者则人皆鄙弃③。开纳台、美国本土人④，本无教化，名曰红人。性忍摰善射⑤，能殆飞鸟于百步之外。所用连环棍，用铁索牵之，百发百中，西人亦不能学，诚绝技也。

飞旗岛即非几岛，在大西洋中间，错出纷罗，合大小一百五十馀处成为一境。其有人类者，约八十岛。其类人与人相食，漫无伦理。

① 甲申：重复或不休之意。詈：骂，责备的意思。
② 肇基：犹言创始。
③ 鄙弃：看不起。
④ 开纳台：即加拿大。
⑤ 忍摰：“摰”同“鸷”，凶猛。忍摰为残酷而凶猛的意思。

失事之船飘至彼处，必为土人所食，故他处之人，无敢往者。族中夫死，妻必为亲族所杀，以为杀之所以爱之，俾其同赴冥间偕老也。家主死，则杀奴仆以殉。其婚嫁、造船、建屋、两族聚会，皆为大事，必杀奴仆以为恭敬先容之礼，盖非此不能伸其敬，致其诚，人亦必非笑而责备之也。彼处人类，贵贱分为六等，一总酋长及本族酋长；二祭司；三酋长处司之人；四兵卒；五平民；六奴仆。全境分为各村，村又分社，社又分户。数户为一社，数社为一村，数村为一族。每族每村各有酋长一名，每族有本族酋长一名，而隶于总酋长之下。凡为酋长者，须聪明博学，方可充之。凡遇丧事，或绝粒一、二日，或减食一、二月，且必薙发一周以伸哀慕。丧之最重者，剁去小指一枚。然须夫妇之间，方有剁指之丧，父母间亦有行之，寻常之人无此礼也。酋长皆由村社各户公举，不能世于其位。奴仆极贱，稍拂主人之意，则治以极刑，或者以为食。苟得仇敌之人，则在军中争食以示勇敢，其凶暴残忍如此。今天主耶稣教人已入彼处，日加劝化，风气为之一新矣。

印度适中之地，有比烈山焉，山下居民皆比烈族。所事之神甚多，如瘟神、龙神、痘神，各有其名。其祀祭也，大半在最高之山，用石磊筑为台，旁设泥马、石马各一。泥马特空其身，粪门极大，以为人死之后，魂必入粪门，然后上升天堂。谰语无稽，殊堪绝倒。近处另有一种之人，曰盖衣族①。祭神之礼，必悬小钱一枚于深林之中，即向钱膜拜。又木打拉地方之南，每有极大神像，以巨木刊之。像之旁又有小男像五，小女像一。男像为巨神之弟，女像为巨神之姊，俱能致人疾病，使之速死。又有女像名加利者，司人间痘证，土人设像建大庙祀之，祭必杀人。将祭之前一夕，祭司携其人入庙禁锢，夜深杀之。以为痘神之性，最喜生人之血。道光初年，英人禁之无效，亦

① 盖衣族：印度一土著民族的名称。

习俗使然也。

缅甸卡仑地方，土人谓人生各有一护卫之神。厥名曰护拉。盖中国谓神，彼处以为拉也。其外又有七拉，护卫者为善拉，其七者为恶拉，能致人疾病、死亡。若善拉已去，则七拉为灾矣。土人以为善拉于人尽心保护，若坐于病者元首之上，七拉虽恶，邪不胜正，卒亦无如之何。推入禽兽、草木、虫鱼亦有所司之拉。扑灯蛾、水獭、野鹜苟为人所网，得者谓之拉。樵者伐木，其斧不中坠地，因拉不管理所致。又有恶鬼一种，名曰那，凡为巫觋者皆有之，间有以彼之那食人之拉者。土人惧那最甚，因其能食拉故也。

俄罗斯属西比利可比河之滨[①]，乌师的爷地方，所奉灶神，土人名曰赛目，能护人之产业，致人巨富。又有一神，其名曰朗，专司人间秘密之事及药材质料。人死则设像祭之，三年而毕。其教师兼为医生，可与神交接，通语言时作种种狂态。亦奉熊为神，宰熊而取其皮以为圣品。教师问神时，巨跃大言，随即倒地，旁有司事者即取圣品蒙之，族人四围周里，即以麻绳拴系其颈，别有二人各取绳之一端，在旁抽缢，使绳渐紧。教师在内，极力撑拒，吭塞气促[②]，急汗盈身，窘不可状。逾时释之，教师疲甚，少许，跃而起，妄谓已得神示，信口向人言之。

印度内地，古有敬牛之俗，以为牛系天神宠爱，特降人间。每族必公选神牛一头，建庙祀之。居住庙中司理香火者，谓之香头。神牛所出粪溺，宝若仙丹，香头用器受之，分派各居户。良辰令节，各人将牛粪染其额上，敬谨入庙叩拜。家中祭祀亦必供设牛粪，以表其诚。凡遇喜庆等事，人必用之，一若万不可无者，诚异俗也。

婆罗洲内地，尚闻足之礼。贵客相见，各出其足，彼此以鼻嗅之，如是数四，方为恭敬，如西人之握手，中国之拜揖也。其男女最

---

① 可比河：即鄂毕河。
② 吭塞：喉咙噎住。

重修道，修道者谓之洁人，如中国之节烈然，尊长等人皆敬重之。惟修道之礼极为残忍，男子修道则阉割之，女子修道则幽闭之。每逢阉闭之期，亲友毕至，酋长亦遣人前来监视。男子阉后，每将其势传示族中，或以雕漆器皿盛之，置镇市中，俾人见之，以资取法。此等风俗，诚闻所未闻者矣。

阿剌伯本土风俗，凡遇丧事，将死者殡殓舁赴墓上①，墓前十馀步预凿一河，上架飞桥，死者至桥，即行停歇。桥之前建设丧棚，有律师三十二人，预宿棚中，棺柩即停棚内。其时众戚友均来送丧，如死者生前有暖昧欺心之行，可任人向律师控诉，如三日内无控诉者，则谓德望已孚，方可舁至墓中安葬。倘有控告，则律师凭公审断，果其素行有亏，则停葬若干日，任人向死者棺前辱骂，方可安葬，葬时不许众人吊送。其人倘无控诉者，则安葬之时均来祭奠，即葬后亦有祭奠之人。其祭奠之法，取连根花草树木植于墓前，久而渐活。故凡有德者，死后其墓上花草极多，送艳飞香，甚美观也。

波斯国古时素奉火教，教之由来，见于教化一门，兹不赘。

埃及国境多水患，因海水流入内地，有害居民。其流入之处，有大河曰奈儿河②，每年潮汛之期，合境咸以为苦。初时有贞女某，矢愿筑填御此水灾，惟水流湍急，成功匪易，竭数年之力，尚未合龙。贞女乃鼓励众人，而观望徘徊，不克奏效。贞女恐其功败垂成，乃跃入水中殉之，众人急救已是不及。于是念贞女苦衷，竭力经营，始得筑成一填，即范贞女之像，建设填中，名日奈儿娘娘。每逢身殉节期，则举国停工，绿女红男纷集祭奠，必杀一人投入水中，如河伯迎娶故事始是者。凡三日，始各回家。今杀人之事虽已禁止，然殉水节期依然热闹也。

① 殡殓：入殓和出殡。舁（yú）：抬。
② 奈儿河：即尼罗河，全长 6600 多公里。

译文

太古时期，到处都是草木丛生，野兽出没，风尚习俗还很简陋。继而圣人出现，才逐渐开始了文明。教化施行，感化非常迅速，人们的心思智巧日益开通聪明。有通晓为政之道的人，有不通晓为政之道的人，习俗风尚随之而改变。观风俗之好坏，就可以看出政治的得失。西方各国政治民情蒸蒸日上，因此富强之道就像初升的太阳。过去中国特地派遣游历人员前往（西方各国）考察，轻车所至，汇总成此篇，不必融会贯通地考辨了，仅就这些可以概见其馀的了。如非洲、美洲两洲，南洋和亚洲的其他地方，有的风气已经开化，有的还没有开化，也都随类涉及，这也是对采问风俗的人的一点帮助。

土耳其人性格刚强，悍勇好冒险，生死置之度外，而必实行诺言，从不肯失信于人。遇到贫乏的人，必定会怜悯他们，接济银两物品，从不吝啬。全国人都信奉伊斯兰教，每天沐浴祈祷五次，每年有长斋期一个月，晚上才吃饭，白天太阳不落山，就相互告诫不敢吃饭。偶尔有信奉天主耶稣教的人，穆斯林很讨厌他们。国内的服饰，大多不戴帽子，用布缠头，穿着大约五尺长的长袍，双足交叠席地而坐，没有床，而以狭长较矮的藤床代之。进入室内一定把鞋脱在户外，室内的人数，只要看鞋子有几双就知道了。饮食用手抓取，不用筷子、刀叉和汤匙，也喜欢抽鸦片，以至形容憔悴。婚姻之事，一个男人可以娶几个女人。政治体制是君主专制独裁，没有一定的法律制度，百姓中有不服从者，就加罪于他们，要么割掉他的头，要么就没收其家产。人们爱玩耍游荡，从事制造、商业贸易的人不可多得。国库每年收入五千一百六十六达列尔，支出五千二百六十达列尔，国债二亿三万九千一百五十七达列尔。苏丹所居住的宫殿极为宏大，富丽堂皇，百姓尊重他，称他为“神影”。又称日月为兄弟。次等苏丹管理宗教事务；再次一等的苏丹则是宰相，统管军事、政治，国内赏罚各大政事都听从他。遇到战争，宰相亲自率兵交锋，不愿意畏缩退避；宰相以下官员，只有三等，他们的品级以执马尾条数区分，依次减少，至执一条马尾的是最卑微的官员。苏丹的妃嫔有五六百人，而得到宠幸的不得超过七个人，然而即使受到宠幸，仍然不得以夫妻自居，因为尊卑悬殊，没有可相匹配的道理。

法兰西人聪明而桀骜不驯，是欧洲难以治理的国家。自高卢人反抗罗马恺撒开疆拓土，查理曼征服整个欧洲后，国人都受其风气影响，天性好斗，且以豪爽自豪，整天唱歌跳舞，没有忧伤的样子。京城比不上伦敦，而富丽堂皇在伦敦之上，国王穷奢极侈。国民的文化教育在欧洲的上中国家之间，而且思虑精明，善于制造，每人授田只有几亩，而专心耕耘，常可丰衣足食。生产葡萄佳酒，大呢绸缎，各宗货物不用远涉重洋就可以获得巨额利润。只是国内政党林立，相互仇杀，无所顾忌。他们君民礼制，大致同英国相同，不同的很少。

英吉利人心计精密，办事坚定有耐心。国内的兄弟姊妹可以平分到父母的遗产。男人不能娶小老婆，有违反的人则流放七年。宾主相见，脱帽以示恭敬，各自伸出右手握手。跪礼最为庄重，只有参拜耶稣天神时才行跪礼，其他的，即使遇见君王也不叩头。尊贵与卑下的人混杂坐在一起而没有差别。每年从贵族官僚到寻常百姓的妻子，都可以进入王宫游玩观赏，有时设宴一次招待她们，君主必定一一接见，或者抱住她们的腰，或者是握着她们的手。宴会时在座的人先起立，祝君主长寿，祝颂以奉承的话，然后举杯，一饮而尽。国中的人又有舞戏、会猎的礼节。舞戏即跳舞娱乐，在举行的前几天发请柬邀请客人到那里（约定场所），群集弹琴奏乐，跳舞抱腰为乐。遇到妇女在座，不能吸烟，应该往吸烟客座吸烟。会猎，也是约请朋友一起去打猎，即使是深山穷谷，也一定会亲自前往，往往是携带妻子前往而不嫌累赘。风俗以男女同等看待，父母的财产子女都可以瓜分。丈夫如不能养活妻子，或者妻子携带去的财产被丈夫自行用掉，妻子可以向官府控告，裁定其丈夫的罪过。凡是乘坐马车、火车，或是宴会上，已经出嫁的妇女坐上位，未嫁的妇女坐下位，而且未嫁的人头发垂下，往往不辫。丧事礼节，父母为轻，妻子最重。孝服之制，只在帽上或衣服的领上缝上黑色狭小绸布一条。吉服以白色为最重。国内设有婚姻局，凡有嫁娶，必须入局捐助得到牧师和国家证书，然后赴教堂举行婚礼，男女各自交换戒指一枚，互相亲自替对方戴上。夏天，便携带妻子到深山老林，或者乘船赴海乘凉。如有妇女在场，即使是很熟悉的宾客也不能过分地开玩笑。坐席时，夫妇常常是对坐，妻子的左边为第一位，右边为第二位；丈夫的左边为第三位，右边为第四位。惩罚罪犯的刑罚由国会上下两院议定。男女都可以嗣立为君主，在即位时手按《圣经》，自己宣誓政治统治一定遵循国家宪法。国会上议院叫贵族院，下议院叫平民院，（两院）都任用本国人员，别国人及属地的人不得参加会议。上议院议员叫比尔士，都是高官显爵、宗教长老或国王亲自提拔的下院人员组成的，年纪小的不能参与。下院都是由百姓公推的人组成。凡是要竞选议员，必须是具有一定身份的人，否则不能过问。国家的大政方针一定要等国王与国会上下两院都同意，然后才能施行。国会开会时国王不参加，只有在开幕或闭幕时亲临会场。法律制度、财赋收入与支出、用人行政，由国王与两院共同裁决，并刊载报纸通告于众。所议的法案必须上报国王，国王不同意，也不能执行，要再进行妥善的商讨。下议院的权力比上议院大。如果政治不修明，下议院可以违抗，而不缴纳税收。上下两院的头头叫议长，听取各议员的意见而裁定，然后报告国王。凡是有一个提案，先写在一张纸上呈送给议长，再集中讨论，看看表示同意或否决提案的有多少人，一定要经过三次复议才确定。朝廷用人不得凭个人意愿，应择用国会所推崇器重的人，任用首相也是这样。首相之下就是上议院议长，叫做枢机协办大臣。在这之外还有五个人，一个管理本国政事，一个管理各邦的政事，一个治理藩国属地的政事，一个统率军队，一个治理爱尔兰。只有执政大臣和伦敦市长才有俸禄，民选的地方官没有俸禄。刑法因时制宜，共有六个机构，要裁定罪行是难乎其难的事情。

俄罗斯政事由君主专制，执政的人分为四部分。一是国会，会长一人，属员四十二人，各局宰相以及王族之人参加，职掌禀告各种政事，监督各种政事和修订国家法律；二是司律院，就是高级法律机构，职掌法律和兼掌一年收支；三是教法院，管理国内的宗教事务；四是宰相院，该院分为内廷、外国、陆军、海军、国内、教育、会计、刑法、王室私邑、制造、监督十一司，每司都有主管长官，所有事情都奉行内阁政院的意旨办事，不能像他国可以专权。国内的宗教事务不很受重视，其馀风俗和欧洲大抵相同，只是信奉伊斯兰教的人很多。

五大洲中，有个叫澳洲的，俗名为新金山，多半是英国的属地。当地的风俗有可笑的地方，认为人类有一个父亲居住在云中，就是万物之父，能帮助万物生长。此父生有三子。又说万物是极大的蛇，后来分为万物，太阳、月亮都是远古世上的人和别种有灵之物变化而成的。若有人突然死掉，全家人都非常害怕，大家都认为是仇人用符术的结果，必须把仇人查出来，弄死他，否则一家人都会死掉，连累得无休止。追查的办法是：将死者安葬在高高的土埂上，拍击坟上的土，使之平整，若有小虫从上爬过，就看它的足迹走向，来占卜仇人所在的方向。如足迹向南，就认为仇人在南方，凡是住在南方与死者有仇的人被死者家人所知道的，就要抓住他杀掉，假如寻找不到（仇人）的话，就让亲戚、朋友和家人到处寻找，弄得风声鹤唳，草木皆兵。有寻找到几千里以外的。至于远近寻找仇人很久，仍然找不到，就另用其他寻找仇人的办法，即把食物秘密地置放在地上，人暗中在旁守候，假如有人吃了食物而发出咳嗽声，就是仇人，于是就伺机把他杀掉，或者用其他方法将他抓到，一定让他死掉才罢休。故而远近各处的人们，无不心寒。又说人死后，其魂魄在本地的，能附在人身上，往来于地上，每天居于天上几个时辰，又降临地上几个时辰，不知他为了什么事而风尘仆仆往来于天地之间。

澳洲昆士兰土人皮肤黝黑，天性凶猛，把人杀了吃是很平常的事情。只是遇到欧洲白人，认为这些人改变了容貌，一定是死而复生的，确实很不容易；而且认为人死之后高高居住在星座之间，我们的祖宗，虽然相隔千百年，都没有死，只是住在其他地方的海岛，大多变为白人。所办丧事，丈夫死了，妻子用木炭捣屑掺树油遍擦自己的躯体，又用锋利的石块割自己的皮肤，直到血流出来才停止。自己毁伤之后，才举行哀悼活动。有的又让人围在尸体旁守尸，整夜诵经。围在尸体旁的人，一定要人数很多，拥挤得水泄不通，原因是害怕敌人的魂魄并入死者的身体内。办理丧事一定要用巫师，巫师的欲望很大，一旦没有满足他的欲望，他便使死尸的骨间啮啮作声，或把它放在轮子下推转，土人便极为恐惧。

澳洲新西兰土人敬神的礼节，把背阴处的草根置放在箩筐里，悬挂在室内，然后欢呼。他们的首领由族里的成员公推，极为郑重，认为首领是上苍所恩宠钟爱的。他们生下来，手里掌握着神权，死后一定会在神灵之列。所敬重的始祖叫毛依，相传本地土人所居住的地方是毛依从海里钓出来的。当初到处是茫茫大水，空无所有。又说人死之后一定会变为飞鸟、蜘蛛、蜥蜴等东西。天地间万物奇异的自然现象，如潮起潮落、雷鸣电闪、天气阴晴、风雨地震都称为鸦掩耶。又称天为朗弟，地为巴巴。以前天地生有六子，一个管理武勇，一个管理野生食物，一个管理鱼虫，一个管理风雨，一个管理植物，一个管理山林中的枭鸟。有了这六个儿子，天地才开始各行其是，各司其职。后来六子意见分歧，互相倾轧，于是天地才不能结合。又说世间的人除变为各种东西之外，又有一种人，死后可以居住在天上或海里，随意漫游，其馀的人各个地方都不能去。

澳洲的萨摩亚群岛土人认为：上古初始，洪水遍地，世间的人都寄居在天上。洪水退了之后，人和神同时降临世间，因此人们的心中常有敬畏神明的意向。他们居住的地方，常常把凶猛狰狞的各种图像放在东西上面，如耕种、猎猎所取的累累硕果，也必定把像放在上面，以防盗窃，他们认为人见到此像就会畏惧而不敢偷窃。如果有人行窃，那么行窃的人一定会被恶像吃掉或得病而死，因而土人的东西往往置放在屋外，置恶像在上面守着，没有敢私自行窃的人，这也是习俗使他们这样。

澳洲漫迦雅土人认为天地万物的形状像大椰子的壳，里边有一个发光的空隙，本地的人居住在那儿。上面有一个地方，它的形状凹下，凹下的地方住着一个最大的神叫长寿。其下底根粗大而且尖厚，有名叫万生根的神住在那儿。尖底下面须茎丛丛，有名叫成明的神居住在那儿。以上三个神都是生长万物、管理人民的神。壳里有一女性，她硕大得没有边际，叫做太初。一天，她忽然有人道的感觉，于是把左右胁的肉各割去一些，因而生出许多人和鬼，管理山川海洋、风雨雷电等东西。起初，鬼神和人常常委托小鸟通话，只是小鸟的声音繁杂细碎而不能清楚地表达意旨。鬼神想得到一个一劳永逸的办法，于是派巫师降生，和人通接。又说当地土人所居住的地方，当初本有裂缝，缝中鬼影充塞，常常出来祸及尘世间的人，人死之后大多从裂缝中经过才到达阴间，从裂缝经过时都受到缝中小鬼骚扰，这种危害不可忍受。有一位先王看见这些而产生恻隐之心，想舍身救人，于是跳入裂缝，裂缝顿时合拢，到今天已无踪迹。又古代的风俗习惯，往往是把人杀了当祭品，凡是要祭祀某神，主祭、辅祭的人都预先商量选定要杀的人，已经选定就不能更改，现在这种风俗已革除了。

澳洲打细这个地方的土人认为人死之后，一定会被厉鬼抓到阴间，慢慢嚼食。有一种人是不可嚼食的，反而让他们与众神为伍，相处熟悉以后，他们也逐渐变为神。他们的风俗所尊崇的人叫阿罗，阿罗是万民万物的管理者，如果不是杀人来拜祭，就不足以博取他的欢心。

澳洲三德桅枝地方有火山，土人把它看做火神，供奉十分恭敬谨慎。每年定有赛会日期，到了赛会日，男男女女纷纷到来，各自停工休息，整天欢庆。用猪、鸡、龟、鳖、水果等作为祭祀供品，凡是献祭的供品，人不敢吃那些神吃剩下的东西。祭祀的日子，禁忌很多，不能点灯，不能吃饱，船不能下水，人不能洗澡，除了办庙里的神事外，足不出户，不能让鸡叫，不能让狗叫。鸡、狗的嘴巴常常用细绳绑住，或者用布团塞在鸡狗的口内。即使尊贵如土王，也不敢用手摩弄活着的东西，违犯者必将遭到杀害。土人又认为人有两魂，死后进入阴间的是暗魂，在镜中、水里可以看见的是明魂。

澳洲内地土人生性残忍、凶猛，没有伦理道德。时常喜欢把人杀了吃，特别喜欢吃敌人和亲人的肉。吃人肉有两种意思：吃敌人的肉，是发泄愤恨；吃亲人的肉，是表示恩爱。人死了之后，亲族乡邻先后集中，团团侍立在屋里，家里人割死者的肉分给众人吃，然后自己也吃。凡是死者在世时德高望重的，死后吃他肉的人就越多，总之，人的好坏可以看吃肉的人数多少决定。肉能被吃光的，人家都称（他）德高望重，无与伦比的尊贵。所以子孙往往有强让那些不相干的人去吃其祖父或父亲的肉的。如果死者的肉还有剩馀，那么家人一定会忧形于色，认为死者不能博取别人的爱戴。土人所尊奉的神叫睡妖。相传睡妖最为凶猛勇悍，它的头比山岳还大，它的身体有几个洲那么长大，充塞天庭。因为躯体过于巨大，因此不能转动自如。一年到头，只是昏睡不醒，不饿也不吃。等到世间劫运将到时，睡妖便自己醒过来，把地球上的人大吃大嚼，吃得一点不剩，供自己饱食一顿。等到他吃光了人，就起来伸腰鼓腹，长啸高跃，世界也就重新混沌了。那里的习俗男女还未婚嫁，可以随意同居共处，荒淫轻慢，父母也不能加以禁止；一旦嫁娶，那么这些人就成为官府管理对象，凡是属于官府管理的人，男女有别，别人都不会相侵犯了。

非洲带痕火迷地方，当地土人祀奉的神中最重要的有六尊：一是火神，一是阴神，一是阳神，一是蛇神，都操纵着人们的祸福赏罚大权。另外有一千个雌蛇神与他们相配，如果有人踩了他们，就会被认为是大不敬的行为，管蛇的巫师可以立即将此人处死，其他人不能有任何异议。一是高而雅观神，掌管树木及百姓的疾病。一是海洋神，有其他的巫师护卫。巫师拥有很多权力，如果河海之中风浪大作，那么巫师就预备好米、麦、豆、布、油这五样东西，投到河海中，并祷告说：你们这些怪物，都来听我讲话，吃了这些美味佳肴，赶快退走，不要再向前来了。这确实让人发笑。这地方还有一种土王风俗相传，非常残酷，惨不忍睹。土王若是去世了，一定得杀死男女五百人，作为他的妻妾、臣工、奴仆。此后不论做什么事，只要是与去世的大王有关的，一定得先杀数人，至少得杀一人，作为通报先王的人。即使是已故土王生前朋友来宫中吊奠，从这一宫进入另一宫，也必先杀一个人作为前导。这么残忍，真不知道是什么用心。

非洲的阿贝奥库塔地方，当地人祀奉的神，一名阿罗，一名善哥阿罗。阿罗神常住于树林深处，在丛林中随意居住，常常出来恐吓人。妇女如果走在荒僻无人的路上，听到有人叫她的名字，就是被阿罗神所戏弄。妇女听到叫声，必须迅速跑回躲在屋中，否则必死。善哥神是这一族人的创世祖，功成后升上天，在空中游行无阻。这神擅长捕捉鸟兽、捕钓鱼虾，对战争阵法很娴熟，遇到善良好人一定会设法保护，如果是爱好打猎的人更能得到他的保护。另外又有一神名叫污鲁伦，意即天王，也有一些人信奉。

非洲西部的代霍买国，版图狭小，民风很强悍。有男兵，有女兵，各自编成队伍。女孩刚出生，就报名登入军籍。到了十七八岁，按照军籍征召入伍，教他们学习战争的各种技巧，在战争中比男人还要勇敢。捕获的敌人都被关在监狱里，等到良辰佳节，然后杀掉，各家各户听说杀人了，没有不表示庆贺的。王宫中骷髅累累，像一盏盏悬挂着的灯。寝宫到处铺着敌人的骨头，多的代表尊贵，如果没有，居住者会感到十分不安。

格陵兰也叫青地，是一个岛名，与拉布拉多半岛相连，都位于非洲与亚洲相连的最北部非常寒冷的地方。格陵兰岛在北纬六十度到六十七度之间，面积辽阔达数万里，人烟十分稀少。这个地方的土人称爱斯基摩人。地球北部有人的地方，就到这里为止了。过了这个界线则冰天雪地，绝对没有人烟了。爱斯基摩人居住地已经是非常寒冷了，雪山有几千丈，终年不融化。拉布拉多半岛在北纬六十度至六十三度。这两处地方，若是生活在亚欧热带的人们，是不能去的，只有身强力壮的人才可以游览一趟。当地土人以渔猎为生，凿开冰山为洞穴，用各种鱼兽皮做成居室，非常寒冷时都躲藏在室内。他们的房屋一半露于地面一半藏于地中。好像深洞。但土人性情坦荡正直，心气十分平和，他们捕捉来的大鱼大兽，一定会分给同族人，不肯全部私自占有，即使有些人没有参加捕猎，也能得到一些分剩之物，只有小鱼小兽才被认为是私人的，不必分给其他人。族中没有尊长，也没有君王，然而彼此相安，从来没发生过争执，真正与无怀民、葛天氏民一类，正是近代社会中的桃花源啊。

婆罗洲人的胸前必钻细孔，像蜂房一样，用来插花。也不知使用火器，只有弓箭刀枪，每杀死一人，必将死者头颅带回家里。男子若没有杀过人，别人都会以为他很懦弱，十分看不起他，也没人会和他联姻。因此若生了儿子，长到十三四岁，父母就会教他持刀杀人，所杀的人越多，就认为越勇敢。但他们杀的人，大多是敌人，因此看到某人家中的骷髅像珠子一样多时，才称之为荣显之家，都啧啧称赞不止。这些土著人最重梦兆，做梦后就放下工作，特意叫来巫师占卜，称为的押。的押有两种，一种叫海的押，一种叫陆的押。所祀奉的神名称不一，总神称为“吐情”，都性情平和、心地慈善，因此人们喜欢亲近他们。

苏门答腊岛的巴丁族人，大多很愚昧，他们认为世界上有三个上等大神：一是皇天，一是后土，一是空气。下等神很多，也最邪恶。下等神中有四个神各占据一座山，人间祸患都由这四神职掌。

非洲东部从桑给巴尔起，到赤道止，人们没有鬼神概念，不知道天堂、地狱是什么意思，也没有灵魂的说法，只信奉一神名叫姆伦古，专门掌管雷电、天空、疾病等事。如果人们患有头痛，则认为是冥冥之中死去的父亲对他表示惩罚，就把食物放在树叶上，向天空祭祀。怀疑某人犯罪，就命令他自己服毒药来检验，吃下毒药又吐了出来，就认为此人无罪；服后死了，就认为有罪；服后既不吐出也不死，便认为这人的罪恶更大，做的坏事也更大。审问、诉讼案件都用这种方法。非洲西部也一样。还有非洲港沟河与加本河畔的阿的生族人，每当作战时，先抓获敌人数名，最少一名，把他们杀死在军营中，取出他们心、血，加几种野草来熬汤，让从来没有参加过战争的人喝，认为这样能使他们壮胆，并使身体更强壮。若不喝这种汤，就认为杀了人之后，被杀的人鬼魂会来骚扰，带来灾祸。加本河地方的巫师，更有分身术。他们在这个地方讲话，别人听起来，觉得好像他在别的地方讲话。

非洲合丁突地方，土人最愚蠢，人病得快死了，只剩得奄奄一息时，家人就将病人任意摇来晃去，或者用脚踩，上下翻腾，直到人死了才住手。人死后在他耳边大叫他的名字，数落他的罪过并咒骂他。另有一类人，听到雷声就认为是不祥之物所发的声音，一定要向空中不断咒骂。如果看到闪电，就把旧靴子投向天空，以此抵御。路过墓地旁边，就把石块或一小块指甲放在墓上，以求得庇护保佑。遇到成群的鹿在旷野中，或路上看见一簇簇小虫，都认为是遇到神了，十分恭敬地叩拜。这地方还有一种专门探究气候变化的术士，天气的阴晴雨雪，一定要事先预告，如果预告不准，那就一定会被驱出境外。非洲打吗那族中，也有一些首领兼做巫师。女的就当女巫师，以保护民众、万物为职责。他（她）们的说法是：在民众、万物刚出现时，有一棵大树，使人出而变成人，使物出而变成物，以后不断地繁衍，充满世间，其实人和物都是由一棵树创始的。因此这地方至今还常常有几株大树，遮天蔽日，人们不敢砍伐，对待它的态度十分虔诚。树中有一神，叫阿马若罗，专门掌管降雨，爱护百姓时就降雨，否则就会久旱。祭祀用的火，称为明火，最是受到敬重。明火整年不灭，人们若不小心把火弄灭了，就认为是天将降祸给百姓，得宰杀几十头牛来祭祀，火才可以重新点燃。人生病快死了，即使是家人、亲戚朋友，没有肯进病人的房间，一定叫人将病人拖到室外，让他快死。临死之前就马牛皮穿在他身上，不知是什么缘故。

美洲的秘鲁、墨西哥内地土人风俗，娶妻没有一定的规定。有的人有几十个妻子，有的人有一百多个妻子。全洲的内地人，分成四种，分别称为鸭不辣经族、巴西族、不打哥尼亚族、非利哲刑族。他们崇尚文身习俗，杀人杀得多的，胸前就会纹得五色斑斓；杀人杀得少的，文身也少；不文身的人都被别人看不起。美国、加拿大的土著人，原本还未开化，名叫红人，性情残酷而凶猛，擅长射箭，能在百步之外射死飞鸟。他们使的连环棍，拴着铁索，百发百中，西方人也学不会这种技巧，确实是绝技。

飞旗岛即非几岛，在大西洋中间，纷纷杂杂合计大小一百五十多处成为非几群岛。其中有人居住的，大约八十岛。那里的人会吃人，不讲伦理道德。如果有失事的船漂到那儿，人一定会被土人吃了，因此其他地方的人，不敢到那些岛上去。族中有丈夫死了，亲属们一定会把他的妻子杀了，认为杀她是爱护她，让她能够在阴间与丈夫白头偕老。家中主人死了，就把奴仆杀了来陪葬。若是遇到婚嫁、造船、建屋、两族聚会，这些都是族中大事，都要杀几个奴仆以表示恭敬的礼节，如果不这样做就不能完全表达他们的恭敬和诚意，别人一定会讥笑他，责备他。那儿的土人，贵贱分为六个等级，第一等是总酋长及本族酋长；第二等是祭司；第三等是在酋长处办事的人；第四等是兵卒；第五等是平民；第六等是奴仆。全境分为各个村，村下分成各个社，社又分成各个户。几户组成一社，几社合为一村，几村合成一族。每族每村各有酋长一名，各族有本族酋长一名，隶属于总酋长管辖之下。凡是任酋长的，必须聪明博学，才有资格担任。凡是遇到丧事，或者绝食一两日，或者减食一两个月，并且人们一定把头发剃去一圈以表达哀悼和敬仰。死者最亲的人，剁掉一枚小指头，但这须是在夫妇之间才剁指，父母与儿女间也偶尔会这样做，对其他人则没有这种礼俗。酋长都是由村社各户人家共同推举，不能世袭。奴仆地位十分卑贱，稍微不如主人意，就被处死，或被煮了吃。如果抓获了仇敌，就在军营中争着吃他的肉以表示勇敢，他们就是这样残忍凶暴。现在信仰基督教的教士们已到那儿，日夜劝化他们，风气焕然一新。

印度中部地区，有一座比烈山，山下居民都是比烈族人。他们信奉的神很多，比如有瘟神、龙神、痘神，各有不同名称。他们的祭祀活动，大多在最高的山上举行，用石块垒成台，旁边摆着泥马、石马各一个。泥马身体内部特地造成空的，肛门很大，他们认为人死了之后，灵魂要经过肛门，然后升入天堂。这些说法胡编乱造，真是十分可笑。不远处住着另外一族人，叫盖衣族，他们祭祀神的礼节，一定得先把一枚小钱挂在树林深处，向着钱顶礼膜拜。另外，木打拉这地方南部，常有用大木头做的非常大的神像，像旁又有五个小男孩的像，一个小女孩像。男像是巨神的弟弟，女像是巨神的姐姐，都会使人生病，使人很快死掉。又有一种女像称为加利，掌管人类痘症，土人把她的像放在建成的大庙中祭祀，每次祭祀都要杀人。祭祀的前一夜，祭司把要杀的人带到庙中囚禁，深夜时就把他杀了。他们认为痘神的性情，最喜爱活人的鲜血。道光初年，英国人禁止这种做法，但没有效果，是风俗习惯的关系。

缅甸的卡仑地区，土人认为人生下来，各有一护卫的神，叫护拉。在中国称为神，那儿则称为拉。另外还有七拉。护卫神的拉是善拉，其他七个都是恶拉，会让人们生病、死去。如果善拉离开了，那么七拉就会降灾了。土人认为善拉对人们尽心保护，若坐在病人的头上，七拉虽很凶恶，也邪不敌正，不能把病人怎么样。推广到禽兽、草木、虫鱼，也认为都各有所熟悉的拉。扑灯蛾、水獭、野鸭如果被人捕获，捕得的人称为拉；樵夫砍木头，如果斧子没有砍中树干而落到地上，就会认为是拉不管理的原因。又有一种恶鬼，名叫那，巫师处都有，偶尔也有用巫师的那吃别人的拉这类事。土人最害怕那，因为他会吃掉拉。

俄罗斯西鄂毕河畔，一个叫乌师的爷的地方，当地人信奉灶神，土人称为赛目，这种神能保护人们的产业，使人成为大富翁。还有一种神，名叫朗，专门掌管人间的秘密以及药材的质地。人死了就设一座像来祭奠，三年才结束。那儿的巫师兼做医生。可以同神交接，与神通语言时做出种种狂态。也奉熊为神，把熊杀了取下它的皮，认为这是圣品。巫师在问神的时候，大跳大叫，然后一下倒在地上，旁边的司事马上取来圣品把他蒙上，族人从四面围住他，然后用麻绳拴住他的脖子，另有二人各曳住绳子的一端，在旁边拉绳子，让绳子逐渐变紧。巫师在其中，极力挣扎，喉咙噎住了，气喘得很急，大汗满身，样子十分窘迫。到一定的时间把他放了，巫师已是很疲惫，过了一会儿一跃而起，假称说已经得到神的指示，对别人信口开河讲起来。

印度内地，古时候有敬牛的习俗，认为牛是天神宠爱之物，特地降临人间。每一族都得由公共推选出一头神牛，建造庙宇来祭奉。住在庙里管理香火的人，称为香头。神牛拉出的屎尿，视为仙丹一样，香头用器皿把他们装起来，分发给各户。逢年过节，每人将牛粪涂在额头上，恭恭敬敬地到庙中叩拜。在家里祭祀，也一定供设牛粪，以表示诚意。遇到喜庆的事情，人人都要用上它，就像身上不可缺少的东西，确实是很奇怪的风俗。

婆罗洲的内地，崇尚闻足的礼节。与贵客见面，各人伸出脚，彼此用鼻子嗅，这样几次，才是恭敬有礼，就像西方人握手、中国人作揖一样。那儿的男女最重视修道，修道者称为洁人，就像是中国的节烈一般，即使是尊长也都敬重他们。只是修道的法规十分残忍，男子若修道，就得受阉割，女子修道就得幽闭。每逢阉割或幽闭的日子，亲戚朋友全都来到，酋长也派人来监视。男子阉割后，常将他的生殖器传给族中人看，或者用雕漆器皿盛着，放置在镇市中，让人们看，以便效仿。这种风俗确实是听都没听说过。

阿拉伯本土有一种风俗，凡是遇到丧事，将死者装入棺中一起送往墓地，墓地前十几步远的地方事先开凿一条河，上面架一座飞桥，死人抬到桥前，就停下，桥前盖了丧棚，有三十二个律师，预先住在棚中，棺柩就停在棚内。这时很多亲戚朋友都来送葬，如果死者生前做过亏心事，可以让人任意向律师控诉，如果三天内没有人来控诉，就认为是德高望重，才可以抬到墓中安葬。如果有人控告，那么律师要凭公审查判决，如果这人平常行为确有亏缺，那就停止下葬若干天，任凭人们随意在棺材前辱骂，然后才可以安葬，下葬时不许众人祭奠。这人若没有遭别人控诉，那么安葬时大家都来祭奠，即使是安葬以后也有人来向他祭奠。祭奠的方式，取来连根的花草树木种在墓地前，慢慢地植物成活了。因此凡是德行高的人，死后墓地上的花草非常多，流香溢彩，十分美观。

波斯国古时向来信奉火教，火教的由来参见教化一节，这里不再赘述。

埃及国境内常有水患，因为海水流到内地，使居民遭殃。海水流入之处，有一条大河叫尼罗河，每年潮汛时期，全境人民都苦不堪言。很早时候有一个贞女，决心筑坝来治水。但是水流湍急，要成功不容易，用了几年的工夫，坝仍没有筑好。贞女于是鼓励大家，但大家都只是观望、徘徊、治水不能奏效。贞女担心功败垂成，就跳入水中以身相殉，大家急忙抢救，已经来不及了。于是大家感念贞女的苦心，竭力经营，才筑成一坝，然后塑造了贞女的塑像建在坝上，称为奈儿娘娘。每逢她殉身的日子，全国的人都停止工作，打扮得花花绿绿的男女，纷纷聚在一起祭奠她，定得杀一个人投入水中，好像中国河伯娶妇故事就始于此。这样搞三天，才各自回家。现在杀人之举虽然已被禁止，但殉水节期间依然很热闹。

（李道振、刘剑敏）

图书在版编目(CIP)数据

近代经世文选/林庆元等注译.—成都:巴蜀书社,2011.5

ISBN 978-80752-808-1

Ⅰ.①近… Ⅱ.①林… Ⅲ.①中国历史:近代史—文集
Ⅳ.①K250.7-53

中国版本图书馆 CIP 数据核字(2011)第 071621 号

近代经世文选

JINDAIJINGSHIWENXUAN

主编 戴 逸 注译 林庆元等

责任编辑 陈亚玲
封面设计 张 科
出版发行 四川出版集团·巴蜀书社
(成都市槐树街 2 号 邮政编码 610031)
发 行 科 028—86259422 86259423
网 址 http://www.bsbook.com
经 销 新华书店
照 排 四川胜翔数码印务设计有限公司
印 刷 成都蜀通印务有限责任公司
成品尺寸 151mm×225mm
印 张 12.5
字 数 200 千
版 次 2011 年 5 月第一版
印 次 2011 年 5 月第一次印刷
书 号 ISBN 978-7-80752-808-1
定 价 23.00 元